LEKTÜRESCHLÜSSEL
FÜR SCHÜLERINNEN UND SCHÜLER

Olivier Adam

Je vais bien, ne t'en fais pas

Von Michaela Banzhaf

Philipp Reclam jun. Stuttgart

Dieser Lektüreschlüssel bezieht sich auf folgende Textausgabe in der Originalsprache: Olivier Adam: *Je vais bien, ne t'en fais pas*. Hrsg. von Helga Zoch und Peter Müller. Stuttgart: Reclam, 2007 [u. ö.]. (Universal-Bibliothek. 19723.)

RECLAMS UNIVERSAL-BIBLIOTHEK Nr. 15422

Gesamtherstellung: Reclam, Ditzingen
Printed in Germany 2011

ISBN 978-3-15-015422-9

www.reclam.de

Inhalt

1. Erstinformation zum Werk

Als Olivier Adams Erstlingsroman *Je vais bien, ne t'en fais pas* Anfang des Jahres 2000 beim Pariser Verlag Le Dilettante erschien, wurde sowohl dem Werk als auch seinem jungen Autor – Adam war damals gerade 25 Jahre alt – eine vielversprechende Zukunft vorausgesagt. Die Vorhersage sollte sich in beiden Fällen bewahrheiten: Die Erstauflage von 1999 musste bereits im ersten Jahr zweimal nachgedruckt werden und wurde in Frankreichs Medienlandschaft hoch gelobt. Von *Le Monde* über *Télérama* bis hin zu Frédéric Beigbeder, der vier Mal über *Je vais bien, ne t'en fais pas* auf *Paris Première*[1] berichtete, sorgte Adams Roman für Gesprächsstoff. Als der Roman von Philippe Lioret 2006 unter dem gleichen Titel verfilmt wurde, stieg die Zahl der verkauften Bücher auf 160 000 Exemplare. Die Verfilmung ihrerseits, für die Olivier Adam selbst das Drehbuch mitgestaltet hat, wurde sogar mit der *Étoile d'or du scénario français* ausgezeichnet.

Erfolgreicher Erstling

Preisgekrönte Verfilmung

Verlag: **la maison d'édition**
jdm. etw. voraussagen: **prédire qc à qn**
Erstauflage: **la première édition**
Medienlandschaft: **le paysage médiatique**
für Gesprächsstoff sorgen: **fournir matière à discussion**
etw. verfilmen: **porter qc à l'écran**
Verfilmung: **l'adaptation** (f.) **cinématographique**
Drehbuch: **le scénario**

Mittlerweile, 10 Jahre nach der Veröffentlichung von *Je vais bien, ne t'en fais pas*, hat Olivier Adam zahlreiche Romane nachgeschoben, darunter sieben Jugendromane. Der letzte, *Ni vu ni connu*, ist erst 2009 erschienen. 2009 ist auch das Erscheinungsjahr seines sechsten Romans, *Des vents contraires*, der bei Editions de l'Olivier veröffentlicht wurde; bereits kürzeste Zeit nach dem Erscheinen von *Des vents contraires* ist eine Verfilmung geplant.

Nachdem Adam das Manuskript zu *Je vais bien, ne t'en fais pas* beendet hatte, war er selbst im Zweifel über seine künftige Karriere als Schriftsteller. Bevor er erfuhr, dass sein Roman veröffentlicht werden und sich für ihn damit ein Traum erfüllen sollte, zog er scherzhaft in Betracht, im Fall einer Ablehnung »(de) se mettre au macramé«[2]. Die Zeit dafür dürfte er bis heute nicht gefunden haben. Adams Art zu arbeiten fällt bereits in seinem ersten Roman positiv auf und hebt sich, darin sind sich viele Kritiker einig, wohltuend von der Art Literatur, die gegenwärtig häufig in Pariser Autorenkreisen produziert wird, ab. Dem jungen Adam wird, im Gegensatz zu vielen anderen jungen Pariser Schriftstellern, eine »humilité retrouvée de la littérature française, entre résignation lucide et activisme discret« zugeschrieben: »Simple et sans prétention«, »pas de pose, pas de forfanterie, pas de considérations égotistes qui ont très vite fait de nous ennuyer«[3] – so sieht ihn die Kritik. Er selbst sieht sich als Schriftsteller, der in seinen Werken Themen behandelt wissen möchte, die die Menschen direkt betreffen. Dabei

im Fall von etw.: **en cas de**

sich von etw. abheben: **se distinguer de qc**

jdm. etw. zuschreiben: **attribuer qc à qn**

sind ihm Menschen, die am Rand der Gesellschaft, in schwierigen Situationen leben und denen es gelingt zu überleben, besonders wichtig. Das trifft auch auf Claire, die Protagonistin von *Je vais bien, ne t'en fais pas* zu. Trotz schwieriger persönlicher Verhältnisse gelingt es ihr, sich selbst und ihren Platz im Leben zu finden. Die Botschaft, die sie nun ihrerseits den anderen übermitteln könnte, könnte durchaus lauten: »Je vais bien, ne t'en fais pas!«

Menschen am Rand der Gesellschaft

am Rand der Gesellschaft leben: **vivre en marge de la société**

2. Inhalt

Der Roman besteht aus vier Teilen, in denen die Handlung teils chronologisch, teils in Rückblenden erzählt wird. Der erste Teil führt ohne Vorrede direkt ins Geschehen ein, er ist gleichsam eine Momentaufnahme des Lebens der Protagonistin, der 22-jährigen Claire Tellier, die allein in einer kleinen Wohnung in Paris lebt und als Kassiererin bei Shopi arbeitet. Ihr Leben wird bestimmt durch die Monotonie ihrer Arbeit: die Anzahl der Produkte, die sie tagtäglich über ihren Scanner zieht, scheint schier endlos, und die Gespräche, die sie mit den Kunden führt, sind genauso einförmig und automatisiert wie ihre Tätigkeit selbst (10,1–11). Claire scheint keinen Freiraum für andere Aktivitäten zu haben, selbst am Abend und in ihrer Freizeit kann sie nur an Etiketten und Strichcodes denken (14,21 f.). Ihr Alltag ist gekennzeichnet durch allgemeine Antriebslosigkeit, die sich unter anderem in Claires Unfähigkeit, ihre Wohnung in Ordnung zu halten, ausdrückt. Trotz dieser ausgeprägten Passivität hat Claire einen Entschluss gefasst: Sie will sich auf die Suche nach ihrem Bruder Loïc machen, der vor einiger Zeit plötzlich verschwunden ist, von dem sie aber in regelmäßigen Abständen kurze Briefe nichtssagenden Inhalts erhält. Anhand der Poststempel auf den Umschlägen will sie ihn ausfindig machen.

Monotones Dasein als Kassiererin

Suche nach dem verschwundenen Bruder Loïc

Rückblende: **l'analepse** (f.)
Antriebslosigkeit: **l'apathie** (f.)
jdn. ausfindig machen: **trouver qn**

Deshalb mietet sie sich ein Auto. Zunächst fährt sie zu ihren Eltern, Irène und Paul Tellier, die in einer trostlosen Kleinstadt – Adam nennt sie nur »D.« – außerhalb von Paris wohnen. Als Claire bei ihren Eltern ankommt, überreicht ihr Irène einen weiteren Brief von Loïc, der vor kurzem in Portbail abgestempelt wurde. Claire lässt ihre Eltern im Glauben, dass sie zu Freunden in die Creuse fahre (46,2–4), in Wirklichkeit aber fährt sie auf einen Campingplatz in Portbail, um ihren Bruder zu suchen. Dieses Unterfangen erscheint ihr selbst absurd und unvernünftig (47,15f.), dennoch führt sie ihr Vorhaben durch.

Rückblende

Der zweite Teil des Romans besteht aus einer Rückblende. Adam präsentiert Claire als 20-Jährige, die gerade ihr Abitur bestanden hat und für eine Woche zu ihrer Großmutter väterlicherseits aufs Land gefahren ist. Sie reist allein, Loïc ist nicht mitgekommen, er arbeitet, will Geld verdienen. Die Zeit bei der Großmutter ist ruhig und erholsam: Claire liest, geht spazieren, faulenzt und denkt nicht über ihre Zukunft nach. Im Gegensatz zu Loïc hat sie keine Ahnung, was sie aus ihrem Leben machen soll. Sie vertraut darauf, dass Loïc es für sie weiß (54). Die Großmutter erzählt Claire von früher: von ihrem Vater Paul und dem Verhältnis zu seinem Vater Jacques. Jacques war ein schweigsamer Mann, der seine Gefühle nicht zeigte, worunter Paul als Kind sehr gelitten hat. Als Paul Claires Mutter kennenlernte, war Jacques von Irène sofort angetan und entwickelte ein herzliches Verhältnis zu ihr. Seinem

Claire und Loïc

etw. abstempeln: **tamponner qc**
Unterfangen: **l'entreprise** (f.)
schweigsam: **taciturne**

Sohn Paul gegenüber verhielt er sich hingegen weiterhin kühl, was Paul sehr kränkte. Erst kurz vor seinem Tod gab Jacques zu, seinen Sohn Paul geliebt zu haben. Dieses lange Schweigen konnte Paul seinem Vater jedoch nie verzeihen.

Mysteriöses Telefonat

Mitten in dieser Schilderung klingelt das Telefon; als die Großmutter das Gespräch mit Claires Mutter beendet, ist sie leichenblass und bricht fast zusammen. Claires Frage, was passiert sei, beantwortet sie ausweichend. Bald darauf wird Claire von ihrer Großmutter zum Zug gebracht. Die alte Dame nimmt ihrer Enkelin das Versprechen ab, sie bald wieder zu besuchen. Claire sagt zu, verspricht, das nächste Mal Loïc mitzubringen. Als Claire zu Hause ankommt, hat ihre Mutter verweinte Augen, ihr Vater sieht fern, reagiert kaum.

Loïcs Verschwinden

In dürren Worten erklärt Irène, dass Loïc nicht mehr da sei (61) und dass er auch nicht mehr zurückkommen werde. Daraufhin erleidet Claire einen vollständigen Zusammenbruch, ihre Eltern sind außer Stande ihr zu helfen, sie sind selbst vor Schmerz sprachlos. Dennoch beteuert Irène immer wieder, dass Claire mit dem Verschwinden Loïcs nichts zu tun habe, dass es allein ihre und Pauls Schuld sei, dass Loïc aber bestimmt zurückkommen werde (62,6 f.). In der Folgezeit magert Claire auf 47 Kilo ab, hat bulimische Anfälle, geht acht Monate lang nicht mehr aus dem Haus. Schließlich ziehen die Eltern einen Arzt hinzu. In einem Gespräch unter vier Augen vertraut Claire ihm an, dass sie Loïc suchen wolle, falls er nicht von allein zurückkomme. Als der

zusammenbrechen: **s'écrouler**
eine ausweichende Antwort geben: **donner une réponse évasive**
verweinte Augen haben: **avoir les yeux gonflés par les larmes**

Arzt zu bedenken gibt, dass er möglicherweise nicht mehr am Leben sei, erwidert sie, dass sie dann auch sterben wolle (69,11 f.). Danach verschlechtert sich Claires Zustand weiter, sie spielt mit dem Gedanken zu sterben. In dieser äußerst prekären Situation geschieht etwas Unglaubliches: Claire erhält einen Brief von Loïc, der auf sie eine euphorisierende Wirkung hat. Seit diesem Ereignis kehrt ihr Lebenswille langsam zurück.

Loïcs Brief

Der dritte Teil des Romans knüpft chronologisch an das Ende des ersten Teils an: Claire ist auf der Fahrt nach Portbail, wo sie Loïc zu treffen hofft, gleichzeitig hat sie aber auch Angst vor einer möglichen Begegnung (76,15). Das Leben auf dem Campingplatz ist konträr zu ihrem eigenen: Sie trifft auf laute, lärmende Menschen, die ihr Dasein genießen. Claire scheint sich von ihren Aktivitäten anstecken zu lassen und beschließt, im eiskalten Wasser zu schwimmen. Sie schwimmt allein weit aufs Meer hinaus, lässt die Bojen hinter sich, kümmert sich nicht um den Strandwärter, der sie zur Umkehr bewegen will. Erst nach einer gewissen Zeit dreht sie um und erreicht total erschöpft den Strand, wo sie sich in den Sand fallen lässt. Nach dem Bad im Meer fühlt sie sich leer und innerlich erneuert (80,15). Danach verfällt sie in einen langen, tiefen Schlaf. Von einem Ball geweckt, fährt sie zurück zum Campingplatz. Sie hat das Gefühl, das Ende der Welt erreicht zu haben, nicht mehr weiter zu können, sich ebenso gut ins Wasser fallen lassen und sterben zu können (81). Sie spürt, dass sie hier ein Teil der Welt sein könnte.

Reinigende Wirkung

sich verschlechtern: **s'aggraver**
Lebenswille: **la volonté de vivre**
jdn. zur Umkehr bewegen: **faire faire demi-tour** (m.) **à qn**

Am dritten Tag ihres Aufenthalts in Portbail lernt Claire einen jungen Mann kennen, der, wie sie, allein dort weilt. Er beginnt ein Gespräch mit ihr, sie verhält sich ausweichend, aus Angst, nicht das Richtige zu tun. Obwohl sie unsicher ist, wie sie sich verhalten soll, lässt sie sich von dem jungen Mann, Antoine, Fotos zeigen. Sie stellt ihm danach in Aussicht, nach einem Abendspaziergang, den sie allein machen will, mit ihm etwas zu trinken. Antoine erinnert sie an Loïc. Immer noch sucht sie ihren Bruder im Ort, findet ihn aber nicht. Als sie sich mit Antoine treffen will, sieht sie ihn zusammen mit einer aufgetakelten Blondine. Am vierten Tag ihres Aufenthalts macht Claire einen Ausflug nach Cherbourg. Nach ihrer Rückkehr nach Portbail, isst sie zusammen mit Antoine auf der Terrasse eines Lokals.

Erste Begegnung mit Antoine

Zeitgleich bricht Paul von zu Hause aus zu einer Fahrt mit unbekanntem Ziel auf. An einem Ort am Meer, an dem er sich wohlfühlt, wählt er mit Bedacht eine Postkarte aus, schreibt sie, wirft sie in einen Briefkasten, bevor er nach Hause zurückkehrt. Von der Terrasse aus erkennt Claire hierbei ihren Vater, verharrt aber reglos auf ihrem Platz, ohne sich ihm zu erkennen zu geben. Stattdessen unterhält sie sich mit Antoine und antizipiert in Gedanken die nahe Zukunft mit ihm. Sie nimmt eine intime Beziehung mit ihm vorweg, die in Paris Wirklichkeit werden wird.

Paul schreibt die Karte

Der vierte Teil des Romans führt nach Paris bzw. in die Pariser *Banlieue* zurück. Claire fährt nach ihrem Urlaub zurück zu ihren Eltern. Als Irène Claire eine neue Karte von Loïc überreicht – die, die ihr Vater vor ihren Augen geschrieben und abgeschickt hatte – schlägt sie vor, gemeinsam nach Portbail zu fahren, um dort möglicherweise ihren Bruder zu treffen. Ihre Mutter reagiert ausweichend und greift das Thema während Claires Aufenthalt in D. nicht wieder auf. Ihrem Vater hingegen erklärt Claire bei einer gemeinsamen Radtour unumwunden, dass sie wisse, dass er und nicht Loïc der Schreiber der Karten ist (112,5). Paul ist sprachlos, will dann aber nur wissen, ob Irène davon wisse. Das Thema wird nicht weiter vertieft. Auf Claires Angst, dass Loïc etwas passiert sein könnte, reagiert Paul ausweichend (113,16).

Reaktion der Eltern

Weitere Gespräche finden nicht statt, Claire fährt wieder nach Paris zurück und nimmt ihre Arbeit bei Shopi wieder auf. Sie beginnt, wie bereits gedanklich vorweggenommen, eine intime Beziehung mit Antoine, den sie ihrer Kollegin Nadia vorstellt. Die beiden verstehen sich auf Anhieb gut, finden Gemeinsamkeiten, sprechen als Akademiker über Themen, die Claire nicht interessieren. Ein mit Antoines Freunden verbrachter Abend entwickelt sich für Claire zur Katastrophe: Sie fühlt sich unter all den Akademikern nicht wohl, während Nadia in ihnen ihresgleichen findet. Beim Abendessen zu dritt – Claire, Nadia, Antoine – kommt es zum Eklat. Antoine behandelt Claire herablassend, sie verlässt ihn auf der Stelle. Nadia und er beginnen sofort eine Affäre.

Schweigen

Bruch mit Antoine

Loïc fehlt Claire, sie ist gereizt und bricht mit ihrer Kollegin Maud einen Streit vom Zaun. Beide weinen. Unter die-

unumwunden: **sans ambages** (f.)
etw. vertiefen: **approfondir qc**
auf Anhieb: **d'emblée**
jdn. herablassend behandeln: **traiter qn d'un air condescendant**
auf der Stelle: **sur-le-champ**

sen Umständen traut sich Julien, ein schüchterner junger Mann, der oft zu viel trinkt, nicht, Claire anzusprechen, obwohl er schon seit einiger Zeit bei Shopi um sie herumstreicht. Er beschließt angesichts der Situation, sein Vorhaben auf unbestimmte Zeit zu verschieben. Als er Claire zufällig in einem Café trifft, lächeln sich die beiden scheu zu, sie erkennen im jeweils anderen einen Seelenverwandten.

Seelenverwandtschaft mit Julien

Julien erzählt seinem Kollegen Lionel von Claire und seinen Gefühlen für sie. Lionel und seine Freundin Aude arrangieren ein Fest, zu dem sie Claire und Julien einladen. Julien geht es an jenem Abend schlecht: Er fühlt sich von seiner Arbeit und dem Leben überfordert, ist in weinerlicher Stimmung, hat Todessehnsucht und zerfließt in Selbstmitleid (149–152). Als Claire Julien sieht, setzt sie sich neben ihn. Ein weiterer männlicher Gast hat Gefallen an Claire gefunden. Im Gegensatz zu Julien ist er sehr selbstsicher, arrogant und lässt keinen Zweifel an den Absichten, die er Claire gegenüber hegt. Julien wird alles zu viel, er verlässt das Fest, setzt sich in den Hof und weint vor sich hin. Claire ihrerseits taxiert den Mann: Sie findet ihn unsympathisch, er erinnert sie jedoch an Loïc. Als beide gleichzeitig das Fest verlassen, wird Julien Zeuge, wie Claire von diesem Mann belästigt wird. Er nimmt all seinen Mut und seine ganze Kraft zusammen und attackiert den anderen. Claire fordert Julien auf, mit ihr nach Hause zu kommen. In Claires Wohnung sieht Julien Fotos, auf denen er Loïc er-

jdn. ansprechen: **adresser la parole à qn**
Seelenverwandte(r): **une âme sœur**
sich von etw. überfordert fühlen: **se sentir dépassé(e) par qc**
in Selbstmitleid zerfließen: **s'apitoyer sur son sort**

kennt. Es stellt sich heraus, dass Juliens jüngerer Bruder Olivier ein Klassenkamerad Loïcs war und dass beide, Claire und Julien, am selben Ort aufgewachsen sind. Julien verspricht Claire, Olivier nach Loïc zu fragen. Der Kontakt zwischen den beiden ist aber schon seit langem abgebrochen, so dass nichts über Loïcs Verbleib gesagt werden kann. Julien und Claire verabreden sich für das Wochenende in D.

Verbindung zu Loïc

Julien ist früher dort, will das Grab seiner Großmutter auf dem Friedhof besuchen und findet zufällig Loïcs Grab. Er hat Angst, will seine Verabredung mit Claire lieber nicht einhalten, nimmt dann aber doch all seinen Mut zusammen und besucht Claire im Hause ihrer Eltern. Das Gespräch mit Paul und Irène ist schwierig, zäh. Er spürt die Sorge der Eltern, aber auch deren Erleichterung, dass Claire jemanden gefunden hat. Claire hingegen wächst über sich selbst hinaus: Sie fordert Julien auf, mit ihr zusammen wegzugehen.

Erleichterung: **le soulagement**
über sich selbst hinauswachsen: **se dépasser**

3. Personen

Obwohl **Claire** sehr schön ist (23,13), ist sie ein Mensch, der gewöhnlich nicht auffällt, kaum wahrgenommen oder gegrüßt wird. In der Bar muss sie ihre Bestellung zweimal wiederholen, bevor sie das Gewünschte bekommt (7,9f.). Claire wirkt im Alltag zerbrechlich und hilflos, sie ist Personen und Situationen schutzlos ausgeliefert, rutscht immer wieder in die Rolle des Opfers, das sich nicht wehren kann. Die folgende Situation bei Shopi zu Anfang des Romans verdeutlicht dies: Ein Kunde, der bereits durch Pöbeleien aufgefallen ist, nähert sich Claires Kasse. Sie hat Angst, spricht einen im Laden befindlichen Wachmann darauf an, der sie aber nicht ernst nimmt und seine Aufgabe vielmehr darin sieht, Diebstähle in der Gemüseabteilung zu verhindern (12), als Claire zu beschützen. Auch Maud, eine dümmlich wirkende Kollegin Claires, überlässt sie wort- und tatenlos ihrem Schicksal. Als es tatsächlich zu Pöbeleien und Beleidigungen kommt, verhalten sich auch die Kunden Claire gegenüber passiv: Sie gehen weg und lassen sie im Stich. Niemand hilft ihr, niemand fühlt sich für sie verantwortlich. Sie flüchtet in das nächstgelegene Café. Dort findet sie Schutz und Trost bei einem jungen Kellner, der sie kurze Zeit später wieder an ihren Arbeitsplatz zurück begleitet. Die mittlerweile gerufene Polizei kommt zu spät und kann nichts mehr für sie tun.

Claire in der Opferrolle

nicht auffallen: **passer inaperçu(e)**
hilflos sein: **être sans défense**
Pöbeleien: **les grossièretés** (f.)
jdn. im Stich lassen: **abandonner qn à son sort**

In eine ähnliche Opferrolle gerät Claire auf einem Fest, zu dem sie ihre Kollegin Nadia überredet hat. Nadia, die im Gegensatz zu Claire nur zeitweise bei Shopi jobbt, um ihr Studium zu finanzieren, nimmt sie mit zu einer Studentenfete, die in einem eleganten Viertel nahe des Jardin du Luxembourg stattfindet. Unter Akademikern, die als arrogant, intolerant, rassistisch und oberflächlich beschrieben werden (18 f.), fühlt sich Claire sehr unwohl. Als sie ihren Beruf angibt, wird sie von niemandem mehr beachtet. Allein – Nadia ist unauffindbar – läuft sie durch die Wohnung. Ein junger Mann namens Benoît, der Bruder des Gastgebers, nähert sich ihr. Seine Absichten ihr gegenüber sind absolut unmissverständlich, sie jedoch ist unfähig, dies zu erkennen und geht mit ihm. Im Fahrstuhl kommt es zu sexuellen Handlungen, die Claire wiederum in die Rolle des gedemütigten Opfers drängen.

Demütigung durch Benoît

In der Reflexion über das Geschehene wird sie sich durchaus ihres mangelnden Einschätzungsvermögens bewusst. Aus Angst vor weiteren Vorkommnissen dieser Art wagt sie es nicht, die Einladung eines jungen Mannes anzunehmen, den sie sympathisch findet (27). Sie ist völlig außer Stande, Menschen, die sie nicht kennt, einzuschätzen, sie weiß nicht, was sie tun kann oder besser nicht tun sollte. Claire führt ein sehr zurückgezogenes, ereignisarmes Leben; ihre sozialen Kontakte hat sie auf ein Minimum reduziert, hat keine Freunde. Sie interessiert sich auch nicht besonders für andere (10,12–13). Die einzige Ausnahme ist ihr Bruder Loïc, auf den sie ihr ganzes bisheriges Leben ausgerichtet

Claires Isolation

gedemütigt: **humilié(e)**
jdn. einschätzen: **porter un jugement sur qn**

hat und der auch in seiner Abwesenheit Dreh- und Angelpunkt für Claire ist. Er ist ihre Stütze, dient ihr als Orientierungshilfe in allen Situationen, ob es um die Auswahl von Lektüren, Wohnorten oder um die Einschätzung von Menschen geht. Ohne Loïc scheint Claire nicht lebensfähig zu sein. Sie will sterben, wenn Loïc nicht mehr lebt. Seit Loïcs Verschwinden ist Claire in einer Art Dämmerzustand, der sich zusehends verschlechtert. Sie lebt nicht mehr, sondern vegetiert nur noch vor sich hin, wird von Tag zu Tag weniger, löst sich gewissermaßen physisch wie psychisch auf. Dieser Verfallsprozess kann nur durch ein Zeichen von Loïc gestoppt werden. Als dieses Signal in Form eines Briefes tatsächlich eintrifft, normalisiert sich ihr Zustand langsam, und Claire verfügt auf einmal sogar über Entwicklungspotential in Richtung Selbständigkeit und Emanzipation. Sie befreit sich langsam aus ihrer Abhängigkeit und entwickelt sich zu einem eigenständigen Menschen, der eigene Entscheidungen treffen kann und allein lebensfähig ist.

Lebens-unfähigkeit

Emanzipation

Dominante Figur

Obwohl **Loïc** nicht direkt anwesend ist, kommt ihm im Roman die Rolle einer omnipräsenten, dominanten Figur zu. Er ist Claires zwei Jahre jüngerer Bruder, der verschwunden ist. In emotionaler und intellektueller Hinsicht ist er das genaue Gegenteil von Claire. Obwohl er jünger ist als sie, legt er vor ihr das Abitur ab: Er überspringt eine Klasse,

Dreh- und Angelpunkt für jdn. sein: **être le point de repère de qn**
sich auflösen: **se dégrader**
Verfallsprozess: **la dégradation**

Intellektueller

sie hingegen hat zwei Klassen wiederholen müssen. Seine intellektuelle Einstellung zeigt sich auch in den Plänen, die er für seine Zukunft hat: Er steht der Gesellschaft und dem System Frankreichs kritisch gegenüber, findet es miefig und spießig, deshalb kann er sich vorstellen, sein Heimatland zu verlassen: »[Loïc] disait toujours [...] à Claire, qu'il fallait partir, s'enfuir, quitter la France, qui sentait le renfermé, où on était à l'étroit« (44,11–13). Allerdings ist er sich nicht sicher, ob er das wirklich möchte, er könnte sich auch vorstellen, sich eine Existenz in Frankreich aufzubauen: »où alors le contraire s'y [en France] enfoncer pour de bon, sillonner, aller vers l'océan, trouver des racines là où on déciderait de les planter, s'inventer une vie, aller partout ou aller nulle part, puisque venant d'ici, de la banlieue parisienne, on ne venait de nulle part, on venait d'un no man's land et que tout restait à bâtir« (44,13–19).

Aus diesen Äußerungen lässt sich ganz deutlich ablesen, dass Loïc ein ›Macher‹ ist, jemand, der sich nicht bestimmen lässt, sondern andere bestimmt, zum Beispiel Claire. Er beherrscht ihre Gedanken und ihr Leben: Seinetwegen liest sie die *Libé*, seinetwegen wohnt sie in Paris in der Rue des Martyrs, seinetwegen hört sie bestimmte Musikgruppen. Loïc hat klare Vorstellungen von allem, sie orientiert sich an ihm, und obwohl sie die Ältere ist, war er für sie immer der große Bruder, der sie beschützt und bei dem sie sich geborgen fühlt. Schon als Kind war er unangefochten das Zentrum der Familie, um das sich alles drehte. Sein Zimmer war der Ort, wo sich die Geschwister aufhielten, wo sie spielten. Claires

Macher: **le fonceur**
sich geborgen fühlen: **se sentir en sécurité**

Zimmer diente ihr lediglich als Schlafplatz (43,13–14). Den Namen des Familienkaters bestimmte Loïc – Pasha; ein Name, der Loïcs eigenes Gebaren innerhalb der Familie widerspiegelt. Am Anfang des Romans erscheint Loïc aus Claires Perspektive positiv, im Verlauf der Geschichte jedoch, als sich Claire sukzessive von ihm emanzipiert, gerät Loïc mehr und mehr in negatives Licht. Am Ende wird er von Claire mit genau den Leuten verglichen, die sie selbst als arrogant und abgrundtief unsympathisch empfindet (156,13–17).

Veränderte Wahrnehmung

Auch im Umgang mit den Eltern ist Loïc dominant. Bei den sonntäglichen Fahrradrennen mit dem Vater beispielsweise ist es immer Loïc, der sich seinem Vater gegenüber durchsetzt: »On a fait la course. Loïc gagne. Paul a un peu de mal à suivre« (111,2). Loïc ist derjenige in der Familie, der den Ton angibt.

Paul ist mit 55 Jahren Frührentner geworden (83); im Gegensatz zu vielen anderen, die sein Schicksal teilen, fühlt er sich im vorgezogenen Ruhestand wohl. Die Arbeit fehlt ihm nicht, er arbeitet im Garten, liest, hört Musik, fährt ab und zu nach Paris. Mit seiner Frau Irène kommt er gut aus. Im Stillen hegt Paul einen Traum: Er würde gerne mit Irène nach Südfrankreich ziehen, das Leben dort in der Wärme genießen, faulenzen, den Grillen zuhören. Er träumt davon, dass Claire ihn und Irène dort mit ihren Kindern besucht, die das Haus dann mit Lachen und Fröhlichkeit füllen. Seine Realität hingegen sieht ganz anders aus: Er wird nicht von lachenden fröhlichen Kindern umgeben, sondern von

Frührentner: **le préretraité**

Verschlossener Vater

Schweigen, für das er selbst verantwortlich ist. Paul ist ein sehr wortkarger Mann, der seine Gefühle seiner Tochter gegenüber kaum zeigt. Als Claire zu Besuch kommt und ihn zur Begrüßung an der Schulter berührt, erschrickt er. Das Lächeln, das sich auf seinem Gesicht abzeichnet, ist kaum wahrzunehmen. Der Kuss, mit dem er Claire anschließend begrüßt, ist so oberflächlich, dass seine Lippen kaum ihre Wangen berühren. Nach dieser Geste folgt nichts, weder eine weitere Berührung noch ein Gespräch.

Der Umgang zwischen Vater und Tochter wirkt kühl, distanziert, beinahe leblos. An keiner Stelle im Roman verhält er sich Claire gegenüber fröhlich und unbeschwert. Dennoch liebt er Claire sehr und will nur ihr Bestes. Deshalb entschließt er sich, in einer konzertierten Aktion mit seiner Frau, Claire durch eine Lüge am Leben zu erhalten.

Auch seinem Sohn gegenüber legt Paul ein identisches Verhalten an den Tag: auch auf Loïcs Zuneigung reagierte er mit kühler Abweisung. Paul wiederholt bei seinen Kindern das Verhaltensmuster, das er in seiner Kindheit von seinem Vater vorgelebt bekam. Er ist nicht in der Lage, seine negative Prägung zu überwinden, sondern gibt sie unverändert an die nächste Generation weiter. Auch im Umgang mit Irène ist Paul wortkarg; allerdings ist er ihr gegenüber in der Lage, Zärtlichkeit und Nähe durch Körpersprache auszudrücken. Oft sitzen er und Irène seit dem Verschwinden Loïcs umschlungen nebeneinander, sind dann aber nicht fähig, ihre Gefühle in Worte zu fassen.

wortkarg: **peu loquace**
Abweisung: **le rejet**

Im Roman erfährt der Leser nichts darüber, ob **Irène** berufstätig ist oder ob sie ausschließlich für ihre Familie da ist. Als Mutter und Hausfrau verhält sie sich rollenkonform: Sie kümmert sich um ihre Kinder, kauft für sie ein, achtet jedoch gleichzeitig darauf, das Familienbudget nicht über Gebühr zu strapazieren (107), spielt sonntags mit ihnen und Paul Spiele. Die Erwartungen, die an sie als Mutter gestellt werden, erfüllt sie. Ihren Mann umsorgt sie liebevoll, bereitet ihm Proviant, als er zu einer Fahrt aufbricht, ermahnt ihn, vorsichtig zu fahren. Auch in ihrer Rolle als Ehefrau entspricht sie dem, was von ihr erwartet wird.

Das Verhältnis zwischen ihr und ihrer Tochter Claire ist, wie auch das Verhältnis zwischen Claire und ihrem Vater, durch Kommunikationsarmut bzw. fehlende Kommunikation gekennzeichnet. Allerdings nimmt die Sprachlosigkeit zwischen Mutter und Tochter andere Formen an, als die zwischen Vater und Tochter. Während Paul beharrlich schweigt und Claire aus dem Weg geht, spricht Irène durchaus mit ihrer Tochter, aber sie sagt nichts. Sie betreibt mit Claire eher Smalltalk über Oberflächliches, Unwichtiges, Banales wie z. B. den Kaffee, der gleich getrunken werden muss (105,21). Das Thema, das bleiern in der Luft hängt und dringend einer Aufarbeitung bedürfte, blendet Irène hartnäckig aus. Jedesmal wenn Claire nach einem Besuch in D. nach Paris zurückfährt, sagt Irène bedauernd, dass die Zeit

Oberflächliche Kommunikation

Erwartungen: **les attentes** (f.)
etw. erfüllen: **satisfaire à qc**
bleiern: hier: **de façon accablante**
ausblenden: **contourner**

so schnell vergangen sei und man deswegen nicht habe reden können (»On n'a eu le temps de parler de rien«; 47,2). Die Zeit, die jedoch tatsächlich zur Verfügung steht, wird damit verbracht, Filmaufnahmen und Fotos von früheren Familienurlauben anzuschauen. Die Vergangenheit – und mit ihr Loïc – wird wiederbelebt auf Kosten der Gegenwart, die totgeschwiegen wird. Irène möchte gerne mit Claire reden, weiß aber nicht, worüber. Deshalb ruft sie manchmal bei Claire an, nur um die Stimme der Tochter auf dem Anrufbeantworter zu hören und danach wortlos wieder aufzulegen (158). Wie Paul will auch Irène das Beste für ihre Tochter, ist aber genauso wenig wie er im Stande, ihr das zu geben, was sie braucht.

Verdrängung der Gegenwart

Claires **Großmutter**, der Mutter ihres Vaters, kommt im Roman eine wichtige Rolle zu. Sie erzählt Claire über die Vergangenheit, über die Kindheit und Jugend ihres Vaters und über sein Verhältnis zu seinem Vater, Claires Großvater, den sie aber nie kennengelernt hat. Dadurch gewährt sie Claire Einblick in die Familiengeschichte und leistet einen Beitrag, der die Gegenwart, auch Claires Situation innerhalb ihrer eigenen Familie, bis zu einem bestimmten Grad erklären kann. Die Großmutter versucht, das schroffe Verhalten Pauls zu erklären und eine psychologische Rechtfertigung dafür zu geben: Jacques, Pauls Vater, sei dafür bis zu einem gewissen Grad zur Verantwortung zu

auf Kosten von etw.: **au détriment de qc**
etw. totschweigen: **passer qc sous silence** (m.)
schroff: **rude**
Rechtfertigung: **la justification**

ziehen. Allerdings relativiert sie diese Schuldzuweisung sofort wieder, indem sie sich auf Aussagen zurückzieht, die sie für allgemeingültig hält (»Mais c'est ainsi, un père et son fils ne savent pas se dire qu'ils s'aiment«; 56,4 f.).

Unklare Position

Ihre Position Claire gegenüber wird dadurch weniger klar. Völlig undurchsichtig hingegen erscheint ihr Verhalten nach dem Anruf Irènes. Zwar spart Adam das Gespräch zwischen den beiden aus, jedoch lässt ihre Reaktion die Hypothese auf Seiten des Lesers zu, dass das Gespräch im Zusammenhang mit Loïcs Verschwinden bzw. Loïcs Tod steht. Ihre Frage, ob Claire einen Freund habe, mit dem sie ihre Zeit verbringe anstatt mit Loïc, scheint darauf hinzudeuten, dass sie von seinem Tod weiß und Claire schonend darauf vorbereiten will; allerdings wird diese Absicht von ihr selbst konterkariert, indem sie Claire Grüße an ihren Enkelsohn aufträgt. Ihr Verhalten in dieser Situation ist nicht eindeutig.

Antoine ist der erste Mann im Roman, mit dem Claire eine echte partnerschaftliche Beziehung hat, der Claire ganzheitlich als Mensch und nicht nur ausschließlich als Objekt seiner männlichen Begierde wahrnimmt. Er weiß, in welcher Situation sie sich befindet, und Claire kann ihr Geheimnis mit ihm teilen, denn er geht sehr einfühlsam mit ihr um. Antoine trifft Claire zum ersten Mal in Portbail, hält die Beziehung aber auch später, als beide wieder in Paris sind, aufrecht. Er kann sich also durchaus vorstellen, mit Claire

Partnerschaftliche Beziehung

undurchsichtig: **difficile à cerner**
darauf hindeuten, dass: **indiquer que**
partnerschaftlich: **d'égal à égal**

mehr zu haben, als nur eine Urlaubsbekanntschaft. Das Verhältnis, das sie in Paris unterhalten, entspricht dem junger, verliebter Leute. Antoine wohnt in der Rue Pigalle, nicht weit von Claires Wohnung entfernt. Er arbeitet erst seit kurzem als junger Lehrer in einer Grundschule; sein erstes Jahr als Beamter wird nach den Sommerferien beginnen. Er hat große Angst vor dem neuen Schuljahr und vor den Aufgaben, die auf ihn zukommen werden, vor allem aber fürchtet er sich vor der Verantwortung, die er tragen muss. Er hat Angst, den Anforderungen, die an ihn gestellt werden, nicht zu genügen und bereits nach kurzer Zeit ausgebrannt zu sein (120). Sein gutes Verhältnis zu Claire findet ein jähes Ende, als Claire ihm ihre Kollegin Nadia vorstellt und sie zusammen einen Abend mit Freunden von ihm verbringen. Claires altes Unbehagen Akademikern gegenüber bricht durch, ihr Verhalten passt nicht in die Runde – das von Nadia hingegen sehr wohl. Als Antoine Claire unaufhörlich schulmeistert, rastet sie aus und verlässt ihn. Antoine beginnt noch am selben Abend ein Verhältnis mit Nadia.

Bruch mit Antoine

Julien ist ein Verlierer, ein typischer ›Loser‹, der sein Leben nicht im Griff hat. Er arbeitet im Kulturbetrieb, sagt scherzhaft von sich selbst, er sei »ingénieur culturel« (141,6). Julien leidet unter der Oberflächlichkeit, der Unehr-

Leiden an der Welt

ausgebrannt sein: **être épuisé(e)**
jdn. schulmeistern: **faire la leçon à qn**
etw. im Griff haben: **avoir qc bien en main**

lichkeit und der aufgesetzten, nur zur Schau gestellten Fröhlichkeit seiner Mitmenschen (144). Seine Arbeit bietet ihm keine ausreichende Befriedigung. Bisweilen wird er von seinem Arbeitgeber auf Projekte angesetzt, deren Sinn er nicht erkennen kann, wie beispielsweise beim Literaturprojekt, das er mit Schülern in der Picardie durchführen soll. Im Gegensatz zu seinen Vorgesetzten ist ihm klar, dass die jungen Leute lieber etwas anderes machen, als sich mit Kultur zu beschäftigen. Aber auch sein Alltagsgeschäft ist monotone Routine, die ihm innere Leere verursacht und das Gefühl, gegen seine Natur zu handeln (139,17–140,8). Manchmal lehnt er sich gegen den Kulturbetrieb, in dem er nur ein kleines Rädchen ist, auf, indem er sich darüber lustig macht, wie die Aneinanderreihung hochtrabend klingender Ausdrücke zeigt (146,19–147,11).

Oft fühlt sich Julien von seiner Arbeit und dem Leben überfordert, er verfällt dann in eine weinerliche Stimmung, in der er sich selbst bemitleidet und Todessehnsucht hegt. Obwohl Julien erst 25 Jahre alt ist, fühlt er sich bereits alt (139,11–12). Claire hat er schon oft beim Einkaufen gesehen, er trifft sie auch zufällig in einem Café, wo sie einander zulächeln. Noch bevor er ein Wort mit ihr gewechselt hat, ist ihm klar, dass zwischen ihm und ihr eine Art Seelenverwandtschaft besteht (145). Grundsätzliche Parallelen zwischen ihm und Claire sind offenkundig. Jedoch gibt es an Julien eine Seite, durch die er sich grundlegend von Claire unterscheidet: Er gehört ebenfalls zur Gruppe derer, die sie nicht mag, bei denen sie sich nicht wohl fühlt: zu den jungen Intellektuellen. Doch obwohl Julien einer von ihnen ist,

Seelenverwandtschaft mit Claire

aufgesetzt: **faux, fausse**

fühlt auch er sich in ihrer Gesellschaft nicht wohl. Auf dem Fest spürt er am eigenen Leib größtes Unbehagen und würde dem namenlosen Architekten am liebsten einen Schlag verpassen. Als Claire Julien nach seinem Beruf fragt, bemüht er sich nach Kräften, nicht schwülstig und arrogant daherzureden (155,7–8), aber er spürt genau, dass es ihm nicht gelingt und er Claire, ohne dies auch nur im mindesten zu wollen, genau in die Rolle drängt, in die sie die anderen Intellektuellen auch immer drängen: »À chaque mot, il la sentait intéressée, mais d'en-dessous, en infériorité« (155,9–10). Er hasst sich dafür, genau wie der Architekt auf Claire zu wirken (155,14–15).

Doch Julien macht, ähnlich wie Claire, eine Läuterung durch: Nachdem er erkannt hat, dass er genauso ein Schnösel ist oder zumindest wie ein solcher wirkt, prügelt er sich mit dem Architekten (160,12). Adam selbst sagt an anderer Stelle, dass Julien, da er seine eigene Arroganz erkannt hat, statt seines Gegenübers eigentlich sich selbst schlägt: »en se battant avec cet architecte arrogant et poseur qui incarne la condescendance sociale, il (Julien) cherche à dépasser un regard qu'il aurait pu lui-même avoir, c'est contre lui-même qu'il se bat.«[4] Nach dieser reinigenden Prügelei nimmt Claire ihn mit sich nach Hause. Dort verhält er sich sehr zurückhaltend: Obwohl Claire ihn auf den Mund küsst (162,23 f.), weiß er nicht, ob er die Nacht in ihrem Bett verbringen oder lieber auf der Couch schlafen soll. Auch hierin unterscheidet er sich wohltuend

Schlag gegen sich selbst

Unbehagen: **l'embarras** (m.)
schwülstig: **(de façon) ampoulé(e)**
Läuterung: **la métamorphose**

von den anderen Männern, die Claire bisher getroffen hat. Durch verschiedene Zufälle kann Julien Claire helfen, dem Geheimnis um Loïc auf die Spur zu kommen und damit ihr, wie auch sich selbst, zu einem neuen gemeinsamen Leben verhelfen.

Benoît trifft Claire zufällig anlässlich einer Studentenfete, die sein Bruder (offensichtlich im Haus der Eltern) organisiert hat. Dadurch ist seine Herkunft klar: Er ist ein Angehöriger der Bourgeoisie. Mehr ist über seinen Hintergrund nicht zu erfahren. Sein Verhalten Claire gegenüber ist extrem herablassend. Er hat sie als Lustobjekt auserkoren, das er so schnell wie möglich haben möchte. Er macht sich noch nicht einmal die Mühe, ein Gespräch mit ihr zu führen, sondern zerrt sie bereits nach kürzester Zeit in den Fahrstuhl, wo er rüde seine Begierde an ihr stillt. Ihre Bedürfnisse interessieren ihn nicht, er betrachtet sie als Objekt, als Ware, für die er bezahlt und die er dann achtlos liegen lässt.

Herablassendes Verhalten

Nadia jobbt bei Shopi, um ihr Aufbaustudium in Soziologie zu finanzieren. Sie ist Tochter arabischer Einwanderer. Nadia ist eine sehr selbstbewusste, aufgeweckte junge Frau, die ihr Leben in vollen Zügen genießt. Bei der Arbeit wirft sie einen wachen Blick auf ihr Umfeld und die Menschen, die sie umgeben, sie hat ein loses Mundwerk und lästert über Kundinnen; auch im Privaten geht es bei ihr eher locker zu. Sie geht oft aus, hat viele und wechselnde Männerbekanntschaften, über die sie Claire ausführlich und detailreich berichtet. Ihr Verhältnis zu Claire ist nicht ganz eindeutig. Ei-

selbstbewusst: **sûr(e) de soi**

nerseits will sie sie aufmuntern, indem sie sie zu Studentenfesten mitnimmt, andrerseits zögert sie nicht, Claire Antoine auszuspannen. Ihre Stellung innerhalb der Gruppe der Akademiker ist zwiespältig: Einerseits fühlt sie sich dort wohl wie ein Fisch im Wasser – sofort findet sie viele Gemeinsamkeiten mit Antoine und dessen Freunden – zum anderen wird sie als Tochter von Einwanderern von anderen Akademikern stigmatisiert (26,10–11). Insgesamt ist das Bild, das Adam von ihr zeichnet, aber eher negativ.

Zwiespältige Position

Mit dem **namenlosen Architekten** trifft Claire am Ende des Romans auf einen weiteren Akademiker. In seiner Funktion entspricht er Benoît, dessen Bekanntschaft Claire zu Beginn des Romans macht: Auch er sieht in Claire die kleine ungebildete Kassiererin, an der er ausschließlich sein sexuelles Verlangen stillen will, die er aber ansonsten verachtet. Dieser Namenlose erinnert Claire an Loïc: Er bleibt namenlos, weil er gleichsam als *pars pro toto* für alle Vertreter dieser Gesellschaftsschicht steht.

Pars pro toto

jdn. jdm. ausspannen: **piquer qn à qn**
zwiespältig: **ambivalent(e)**

4. Werkstruktur

Aufbau

Eine strukturelle Besonderheit des Romans ist sein episodenhafter Aufbau[5], den Adam von Anfang bis Ende durchhält. In kurzen Szenen, die an einen Film mit harten Schnitten erinnern, entwickelt Adam sukzessive die Handlung. Eine Aufgabe, die der Leser dabei zu erfüllen hat, besteht darin, die einzelnen Szenen, die bisweilen unverbunden nebeneinander stehen, zu einem sinnvollen Ganzen zusammenzufügen und Kausalbezüge herzustellen, die Adam nicht immer explizit darstellt. Eine Rezension der elektronischen Zeitschrift *Schattenblick* vergleicht den Roman mit »einem Mosaik aus kaum erklärten Einzelteilen, die man sich mit ein wenig Mühe zusammenfügen kann«[6].

Rückblende als Stilmittel

Ein weiteres Strukturprinzip sind die häufigen Rückblenden, durch die Adam den chronologischen Fortlauf der Geschichte unterbricht, durch die er jedoch zusätzliche, für das Verständnis der Handlung unabdingbare Informationen einstreut bzw. nachliefert. Adam setzt das Stilmittel der Rückblende geschickt ein, um Spannung zu erzeugen. Der Leser bleibt über bestimmte Zusammenhänge über weite Strecken im Unklaren; erst nach und nach, durch die eingestreuten Rückblenden, ist er in der Lage, einen Sinnzusammenhang

unverbunden: **détaché(e)**
Spannung: **le suspense**

zu konstruieren und die von ihm über Leerstellen angestellten Hypothesen zu verifizieren oder zu falsifizieren. Das Prinzip der »signification différée ou suspendue«[7] wird auch bei Kriminalromanen eingesetzt. Adam macht sich die Wirkung des Stilmittels Analepse zunutze, um damit die Aufklärung des Geheimnisses möglichst lange hinauszuzögern. Deshalb wird *Je vais bien, ne t'en fais pas* auch bisweilen von Kritikern in die Nähe des Kriminalromans gerückt.

Ein Beispiel gleich zu Anfang des Romans soll das besondere Verfahren Adams verdeutlichen. Der Beginn des Romans erfolgt *in medias res*: Ohne einen Kontext zu skizzieren, präsentiert der Erzähler die Protagonistin. Der erste Kontakt des Lesers mit Claire geschieht unvermittelt und zeigt ihm einen Ausschnitt, eine Facette ihres Alltags, führt ihm einige wenige ihrer Gewohnheiten vor, konfrontiert ihn mit einer Person, mit der Claire vor Beginn der Handlung einen vertrauten Umgang gepflegt zu haben scheint, von der er aber zum Zeitpunkt der Lektüre nicht weiß, wer diese Person (Loïc) ist. Dann wendet sich der Erzähler wieder von Claire ab. Der erste Eindruck, den er dem Leser von ihr vermittelt, hat die Qualität einer Momentaufnahme: Sein Blick auf sie bleibt kurz und oberflächlich, er unterlässt es, tiefer in Claires Inneres, in ihre Gefühls- und Gedankenwelt vorzudringen. Es bleibt bei einer Außensicht, die beim Leser eine Informationslücke ent-

Außensicht auf die Protagonistin

Leerstelle: **le blanc**
hinauszögern: **retarder**
sich abwenden: **se détourner**
Momentaufnahme: **l'instantané** (m.)
Außensicht: hier: **la contemplation purement extérieure**

stehen lässt. Der Leser bleibt zunächst auch über die Identität Loïcs, dessentwegen Claire die *Libération* liest, im Unklaren. Da der Erzähler diese Leerstelle nicht füllt, ist der Leser gezwungen, Hypothesen anzustellen. Wer könnte Loïc sein? Die Angaben im Text – »Avec Loïc, ils lisaient toujours cette page, alors elle se dit qu'il pensera peut-être à lui laisser un message« (7,12–14) – legen die Vermutung nahe, dass Loïc möglicherweise Claires Geliebter war oder ist. Der Erzähler kommt dem Leser an dieser Stelle nicht zu Hilfe, erst später in einer Rückblende klärt er ihn darüber auf, dass Loïc Claires jüngerer Bruder ist. Adam setzt Rückblenden nicht nur punktuell an verschiedenen Stellen ein, sondern gestaltet ein ganzes Kapitel als Rückblende: Das zweite Kapitel geht bis zum Verschwinden Loïcs zurück, dem Auslöser für die aktuelle Situation. Es markiert den Tiefpunkt in Claires Zustand. Das dritte Kapitel knüpft an das erste an und führt die Handlung chronologisch fort, wird jedoch auch von kurzen Rückblenden durchzogen. Im dritten Kapitel findet die Katharsis Claires statt, die einen optimistischen Handlungsfortgang im vierten und letzten Kapitel ermöglicht. Das Ende gestaltet Adam offen.

Aktiver Leser

Erzähltechnik

Die Erzählperspektive, die Adam größtenteils wählt, ist die eines allwissenden, auktorialen Erzählers, der als übergeordnete Erzählinstanz außerhalb der Handlung steht, sie jedoch frei strukturieren kann, so z. B. durch die be-

Auktoriales Erzählprinzip

Katharsis: **la catharsis**
auktorialer Erzähler: **le narrateur auctorial**

reits vorgestellten Rückblenden. Der auktoriale Erzähler nimmt gewissermaßen einen olympischen Standpunkt ein, der ihm eine Überperspektive[8] ermöglicht; der Blickwinkel des Erzählers wird durch nichts eingeschränkt, es liegt keine Fokalisierung bzw. eine Null-Fokalisierung[9] vor. Der auktoriale Erzähler weiß mehr als jede der Figuren, er verfügt also über ein Mehrwissen[10]. Diese Erzähltechnik nutzt Adam vor allem im dritten Kapitel, um Spannung zu erzeugen. Der auktoriale Erzähler richtet seinen Blick abwechselnd auf Claire und auf Paul und berichtet in immer schnelleren Wechseln, was Claire in Portbail und was Paul zu Hause macht. Da beide Figuren nur über ihre eingeschränkte Perspektive und über ihr eingeschränktes Wissen verfügen, haben sie keine Ahnung vom Tun des anderen. Weder Claire noch Paul ahnen die Möglichkeit, den anderen in Portbail zu treffen. Der Leser, der von der übergeordneten Perspektive des auktorialen Erzählers profitiert, weiß jedoch vom Tun beider und ist gespannt, wie ein mögliches Zusammentreffen zwischen beiden Figuren ablaufen wird.

Spannung durch auktoriales Erzählprinzip

Die auktoriale Erzählperspektive ist nicht die ausschließliche Erzähltechnik, die Adam verwendet. Ebenfalls im dritten Kapitel, kurz nachdem Claire ihren Vater in Portbail gesehen hat, ändert sich der Erzählstil: die auktoriale Erzählung geht nahtlos über in einen inneren Monolog Claires (96). Der Erzähler

Innerer Monolog

eingeschränkt: **limité(e)**
Fokalisierung: **la focalisation**
Null-Fokalisierung: **la focalisation zéro**
etw. ahnen: **se douter de qc**
innerer Monolog: **le monologue intérieur**

verschwindet, stattdessen teilt sich Claires Inneres in der Ich-Form mit. Es scheint, als ob sich Claires intimste Gedanken vor Antoine und dem Leser schwallartig ausbreiten, Gedanken, die sie bisher niemandem anvertrauen konnte. In diesem inneren Monolog reflektiert sie über die Tat ihres Vaters, sinnt darüber nach, ob er ihr Leben mit den gefälschten Briefen gerettet hat oder nicht, und zieht die Möglichkeit in Betracht, sich völlig von Loïc lösen zu können.

Geänderter Sprachduktus

Die sprachliche Form des inneren Monologs unterscheidet sich eklatant vom Sprachduktus, der sonst im Roman vorherrscht: Die Sätze sind lang, verschachtelt, hängen voneinander ab, sind in sich verschlungen: »Je te dirai qu'en faisant cela mon père m'a sauvée, ou peut-être que non, parce que maintenant que je sais, maintenant que je l'imagine chaque semaine ou presque prenant la route pour une destination de hasard, choisissant un lieu qui lui convienne, achetant une carte postale, griffonant ma sœur chérie je vais bien puis repartant, faisant semblant de ne pas voir, ne pas savoir, que je recevais ces lettres et que je pensais en les lisant: mon frère va bien, mon frère va bien, il est vivant et il pense toujours à moi, maintenant que je sais le mensonge superbe de tout cela, eh bien, je ne sais ce que je vais devenir« (97,19–98,3). Sie spiegeln Claires Seelenzustand im Moment des Erlebens wider.

Ich-Form: **la première personne**
Jdm. etw. anvertrauen: **confier qc à qn**
sich von jdm. lösen: **se détacher de qn**
widerspiegeln: **refléter**

Sprache

Nachahmung der Alltagssprache

Olivier Adam setzt Sprache in *Je vais bien, ne t'en fais pas* reflektiert zur möglichst wirklichkeitsnahen Darstellung echter gesprochener Sprache ein. Die Nachahmung der gesprochenen Sprache, vor allem in der Figurenrede, erstreckt sich auf alle Kategorien von Sprache: auf die Phonetik (z. B. Elision des *e muet*: »j'te dis«; 65,14), auf die Morphologie (z. B. eingliedrige Verneinung: »j'ai pas faim«; 65,14), auf die Syntax (z. B. Gebrauch der Intonationsfrage: »Tu vas où?«; 30,22) und vor allem auf die Lexik. Durch die Aufnahme von Elementen aus der gesprochenen Sprache will Adam die alltägliche Kommunikation nachbilden und somit den Eindruck von Authentizität, von echtem Leben erreichen. Da die Trennung von Literatur und Leben für ihn undenkbar ist (»J'ai toujours aimé l'idée qu'il n'y ait pas de séparation entre la vie et la littérature«[11]), ist auch ein Verzicht der Alltagssprache in seinen Werken unmöglich.

5. Interpretation

Je vais bien, ne t'en fais pas kann auf mehreren Ebenen interpretiert werden. Zunächst liegt die Interpretation als Entwicklungsroman nahe, der Roman kann aber auch als Gesellschaftskritik Adams verstanden werden. Die beiden Möglichkeiten der Deutung werden im Folgenden nacheinander vorgestellt.

Deutung als Entwicklungsroman

Entwicklung der Protagonistin

In *Je vais bien, ne t'en fais pas* zeigt Adam den Weg der jungen Protagonistin auf, die nach einem schweren persönlichen Schicksalsschlag in eine tiefe Sinn- und Identitätskrise stürzt, aus der sie sich erst wieder langsam befreien kann. Im Laufe dieses Prozesses durchläuft ihre Persönlichkeit eine einschneidende Entwicklung. Sie wandelt sich von einem unsicheren, hilflosen und passiven jungen Mädchen zu einer selbstsicheren, unabhängigen jungen Frau, die ihr Leben in die Hand nimmt und es aktiv selbst gestalten wird, ohne sich länger von den sie bisher bestimmenden und in ihrer Entwicklung hinderlichen Kräften beeinflussen zu lassen.

auf mehreren Ebenen: **à plusieurs niveaux**
Entwicklungsroman: **le roman d'apprentissage**
Schicksalsschlag: **le drame**
sich von etw. zu etw. wandeln: **se transformer de qc en qc**

Um die Kräfte, die Claire bestimmen, sichtbar zu machen und sie in ihrer Wirkung auf Claire zu analysieren, leistet das Aktantenmodell, das der Linguist und Semiotiker Algirdas Julien Greimas 1966 in seinem Werk *Sémantique structurale* entwickelt hat und das bis heute Anwendung findet, unschätzbare Hilfe. Stark vereinfacht dargestellt steht das Aktantenmodell für Folgendes: Zunächst die Idee, dass jede literarische Figur eine Rolle innerhalb des betreffenden Textes hat, dass ihr eine bestimmte Funktion bei der Konstruktion von Sinn im Text zukommt. Das Aktantenmodell erklärt also Personen und Personenkonstellationen mit Blick auf ihre Funktion innerhalb der Handlung. Greimas unterscheidet sechs solcher Rollen, die in drei Oppositionspaaren angeordnet sind und entsprechend wirken:

Greimas' Aktantenmodell

Adressant (Sender)	Objekt	Adressat (Empfänger)
Adjuvant (Helfer)	Subjekt	Opponent (Gegner)

Das Subjekt begehrt ein Objekt und wird dabei von einem Gegner behindert oder von einem Helfer unterstützt. Schließlich erhält das Subjekt das Objekt vom Sender und

Aktantenmodell: **le modèle actantiel, le schéma actantiel**
vereinfachen: **simplifier**
Figur: **le personnage**
Oppositionspaare: **les oppositions** (f.)
Adressant, Sender: **le destinateur**
Adressat, Empfänger: **le destinataire**
Adjuvant, Helfer: **l'adjuvant** (m.)
Opponent, Gegner: **l'opposant** (m.)

wird damit selbst zum Empfänger (oder gibt das Objekt an dem Empfänger weiter).

Die Figuren können mehrere Rollen oder Funktionen (Aktanten) realisieren, ebenso kann eine Rolle, eine Funktion, ein Aktant von mehreren Figuren realisiert werden. Das Aktantenmodell hat überdies den Vorteil, den Zweck, das eigentliche Movens der Fiktion, offenzulegen: die Suche. Diese Suche kann auf einen Gegenstand ausgerichtet sein, auf eine Person, einen Idealzustand oder auf ein anderes Ziel.

Wenn man die Parameter des Aktantenmodells auf *Je vais bien, ne t'en fais pas* überträgt, lassen sich verschiedene Beziehungen zwischen den handelnden Figuren beschreiben.

Individuelle Deutung des Lesers

Welche Rollen bzw. Funktionen die einzelnen Figuren übernehmen bzw. übernehmen können, hängt dabei im Wesentlichen vom Leser und seiner Deutung ab. Welche Möglichkeiten sinnvoll erscheinen, wird am Ende dieses interpretatorischen Teils aufgeführt.

Am Anfang des Romans wirkt Claire ängstlich und unsicher, braucht Schutz, den sie aber offensichtlich nicht hat. Es fehlt ihr am nötigen Selbstvertrauen, um an ihrem Arbeitsplatz und in ihrem privaten Umfeld unbeschadet bestehen zu können (vgl. Kap. 3 des Lektüreschlüssels). Übergriffen

Movens: **le motif**
Suche: **la quête**
auf etw. ausgerichtet sein: **avoir qc pour objectif**
Parameter: **le paramètre**
etw. übertragen auf etw.: **appliquer qc à qc**
übernehmen: **endosser**
Selbstvertrauen: **la confiance en soi**
Übergriff: **l'acte** (m.) **de violence**

auf ihre Person hat sie nichts entgegenzusetzen und schafft es nicht, aus eigener Kraft zu ihrem Selbstschutz Grenzen zu setzen. Dafür braucht sie einen Helfer, den sie in ihrem verschwundenen Bruder Loïc sieht. In ihrer eigenen Wahrnehmung ist Loïc zu Beginn des Romans ihr Alter Ego, ohne das sie sich nicht als eigenständige Person identifizieren kann und deshalb – gewissermaßen als halber Mensch – nicht überlebensfähig ist. Ohne Loïc kann sie weder Bücher selbst aussuchen (»Avant, c'était toujours Loïc qui achetait les livres«; 31,18 f.) noch entscheiden, ob sie sich mit jemandem einlassen soll oder nicht. Auf der Studentenfete macht Claire eine sehr negative Erfahrung mit Benoît. Er nimmt sie nicht ganzheitlich als Mensch wahr, sondern reduziert sie auf ein Sexualobjekt, an dem er seine eigenen sexuellen Bedürfnisse stillt. Dabei geht er brutal und gefühllos vor: »Benoît tient la tête de Claire avec dureté, avec violence« (22,14 f.). Auf Claires Wünsche geht er nicht ein, ignoriert das Signal, das sie ihm sendet. Benoît demütigt Claire aufs Äußerste, wirft ihr Geld hin und degradiert sie dadurch zu einer Prostituierten, deren Gefühle nicht zählen und deren Dienste man sich für Geld kaufen kann. Claire ist überzeugt, dass Loïc sie vor dieser Erfahrung durch seine Weitsicht hätte bewahren können: »Loïc aurait su, l'aurait prévenue« (23,6 f.).

Unvollständige Identität

Nach dieser Erfahrung mit Benoît ist Claire im Umgang mit Männern so verunsichert, dass sie jedem neuen Kontakt aus Angst, Ähnliches könnte sich wiederholen, aus dem Weg geht. Sie vermag nicht für sich selbst zu entscheiden,

jdn. vor etw. bewahren: **épargner qc à qn**

hat keine Menschenkenntnis entwickelt, scheint selbst nicht zu wissen, wer gut für sie ist und wer nicht: »Il lui plaisait ce type, mais comment savoir. Elle ne sait jamais comment faire. Elle se méfie toujours trop, ou alors pas assez. Si Loïc était là, ce serait plus facile« (27,10–13). Claire ist fest davon überzeugt, nur Loïc könne ihr bei den Entscheidungen, die ihr Gefühlsleben betreffen, helfen. Auch Entscheidungen, die ihre Lebensplanung und ihre Berufswahl betreffen, will Claire von Loïc getroffen wissen. Sie selbst kann und will dieses Thema nicht angehen: »Claire n'a jamais vraiment pensé qu'non pouvait faire quelque chose de sa vie, alors la manière d'y parvenir et les buts à se fixer, tout ça devient très flou. Loïc, lui, sait ce qu'il veut. Il saura aussi pour elle« (53,19–54,2). Die Folge davon ist, dass Claire, obwohl sie das Abitur mit Schwerpunkt Verwaltung und Betriebswirtschaft in der Tasche hat (38), als Kassiererin bei Shopi arbeitet. Sie selbst hat nichts unternommen und in diesem Fall hat Loïc auch nichts für sie getan. Stattdessen hat ihr ein Onkel durch Beziehungen diese Arbeit vermittelt.

Passivität

Claire hat bis dato keinen eigenen Stil und keine eigenen Vorlieben entwickelt. Sie orientiert sich an Loïc und übernimmt seine Vorlieben, ohne sich zu fragen, ob sie sich damit selbst gerecht wird. Sie zieht in Paris in ein Viertel, in eine Straße, die Loïc sehr gerne mochte: »elle habitait à Paris dans ce quartier qu'aimait Loïc. [...] Loïc aimait tant la rue des Martyrs, qui menait au cœur de Montmartre, de son côté favori, juste au-dessus des Abbesses« (38,16–22). Ob Claire

Menschenkenntnis: **la connaissance du genre humain**
Berufswahl: **le choix d'une profession**
sich selbst gerecht werden: **satisfaire à soi-même**

dieses Viertel selbst auch gewählt hätte, wenn es Loïc nicht so gut gefallen hätte, kann nicht gesagt werden. Selbst bei der Wahl ihrer Freunde entwickelt Claire keinerlei Unabhängigkeit oder Selbständigkeit. Vielmehr hängt sie sich an Loïc und dessen Freunde, für die sie freilich nur ein Anhängsel bleibt, für das sie sich nicht weiter interessieren. Claire wird bestenfalls von ihnen ausgenutzt: »Ils ne se sont jamais beaucoup intéréssés à elle, seulement lorsque, complètement bourrés, ils se glissaient dans son lit« (46,7–9). Als Loïc nicht mehr da ist, sind auch seine Freunde nicht mehr für Claire greifbar.

Vollständige Abhängigkeit

In dieser Phase ihrer Entwicklung stellt Claire Loïc über sich selbst, sie sieht in ihm statt ihrer selbst die handelnde Figur: Er ist derjenige, der ihr Leben für sie führt. Claire reduziert sich selbst auf diejenige, die sich führen lässt, die jegliche Verantwortung, sei es im zwischenmenschlichen Bereich, sei es im beruflichen Umfeld, für ihr eigenes Leben abgibt. Sie gerät dadurch zu einer Person ohne Identität, was in der Konsequenz dazu führt, dass ihre Umwelt sie nicht als vollständige Persönlichkeit wahrnimmt, sondern sie auf ihre Funktionen – als Kassiererin und als Sexualobjekt – reduziert.
Der absolute Tiefpunkt in Claires Persönlichkeitsentwicklung ist die Nachricht von Loïcs Verschwinden. Claire reagiert sehr stark darauf, sowohl physisch (mit immensem Gewichtsverlust, hervorgerufen durch bulimische Anfälle) als auch psychisch (mit einer Depression, die sogar einen Suizid auslösen könnte; 69). Dieser Tief-

Anhängsel: **la charge**
jdn. ausnutzen: **tirer profit de qn**

Tiefpunkt als Wendepunkt

punkt markiert jedoch auch gleichzeitig einen Wendepunkt in Claires persönlicher Entwicklung: Entweder kann sie ohne Loïc nicht weiterleben oder sie macht sich auf die Suche nach ihm: »Claire [...] a dit [au médecin] que si Loïc ne revenait pas, elle irait le chercher. Qu'elle ne peut pas vivre sans lui« (69,9–11). In dieser Zeit befindet sich Claire gewissermaßen in der Schwebe zwischen Leben und Tod. Ein Impuls von außen bestimmt die Richtung, die ihr weiteres Leben nehmen wird. Auch in dieser Situation ist es nicht Claire, die eine Entscheidung herbeiführt, sondern sie wird, wie auch bisher, von außen bestimmt. Diesmal jedoch sind es – ohne dass sie es zu diesem Zeitpunkt weiß – ihre Eltern, die für sie tätig werden. Die Nachricht von Loïc hat eine euphorisierende Wirkung auf Claire und entreißt sie dem Tod. Die Aktion ihrer Eltern hat sie ins Leben zurückgeholt.

Rückkehr ins Leben

Mit der Entscheidung, Loïc suchen zu wollen, tritt Claire in eine neue Phase ihrer Entwicklung ein. Einen ersten Schritt in Richtung Eigenständigkeit und Selbstbestimmung unternimmt sie dadurch, dass sie ihre Eltern nicht in ihren Plan einweiht. Sie lässt sie im Glauben, sie führe in die Creuse. Paradoxerweise ist es eben diese Lüge, die es Claire ermöglicht, sich der Wahrheit zu nähern und dadurch letztlich Eigenständigkeit und ihre eigene Identität zu erlangen. An dem Ort angekommen, wo Claire Loïc zu treffen hofft bzw. zu treffen fürchtet, nimmt sie ein Bad im eiskal-

Wendepunkt: **le tournant**
in der Schwebe: **en suspens**
Impuls: **l'impulsion** (f.)
jdn. in etw. einweihen: **mettre qn au courant de qc**

ten Meer. Claire reinigt sich gewissermaßen, wäscht alte, verkrustete Verhaltensweisen ab und verschafft sich somit die Möglichkeit zu einem Neubeginn. Das Bad im eiskalten Meer hat somit eine kathartische Wirkung (80). Danach folgt ein langer, tiefer Schlaf (80). Als Claire wieder erwacht, beginnt sich die Wirkung der Katharsis bereits zu zeigen: Sie fängt an, sich über Sachverhalte klar zu werden, für die sie früher nicht empfänglich gewesen ist. Zum ersten Mal in ihrem ganzen Leben stellt Claire Loïc nicht mehr über sich, sondern auf eine Ebene mit sich selbst. Sie fühlt sich ihm ebenbürtig, spürt, dass sie dasselbe zu tun in der Lage ist, wie er: »Claire sent bien qu'ici […] elle, comme Loïc, puisqu'ils sont pareils, identiques, pourrait se sentir appartenir au monde« (81,14–16). Sich als Teil der Welt zu fühlen, damit hat Claire den ersten Schritt in Richtung auf eine eigene Identität geschafft. Sie hat den Einfluss Loïcs auf sich durch das Bad im Meer gewissermaßen abgemildert, aufgeweicht, wenngleich auch noch nicht ganz abgewaschen.

Katharsis

Ebenbürtigkeit mit Loïc

Ablösungsprozess

Dadurch ist sie fähig zu anderen Begegnungen geworden: »Elle observe, cherche Loïc du regard ou alors un garçon qui lui plairait bien, qui passerait devant la terrasse, près des bateaux amarrés, comme ça dans l'après-midi ensoleillée, tandis qu'elle sirote une bière rousse« (85,3–7). Und es ist kein Zufall, dass sie just in diesem Moment einen Mann trifft, der sie in ihrer ganzen Persönlichkeit wahrnimmt, sich für sie als Mensch (und nicht nur als Objekt

Neubeginn: **le nouveau départ**
kathartische Wirkung: **l'effet** (m.) **cathartique**

männlicher Begierde) interessiert. Schon bei ihrer ersten Begegnung ergeben sich Parallelen zwischen Claires und Antoines Art der Wahrnehmung. In den Fotos, die Antoine gemacht hat, findet Claire ihre eigenen Empfindungen wieder (86). Der Blick, den Antoine durch die Fotografie auf die Dinge wirft, gefällt ihr: »Claire croit y déceler une sincérité, un regard à la fois évident et plein d'humilité, de distance, d'effacement« (86,13–15). Claire findet Antoine sympathisch, er erinnert sie an Loïc.

Als sie von Antoine enttäuscht wird – er trifft sich am Abend mit einer aufgetakelten Blondine, anstatt, wie von ihm angekündigt, auf Claire zu warten – (87), ist sie auf sich selber böse, weil sie ihn mit Loïc verglichen hat (88,1 f.). Allerdings gesteht sie sich auch selbst sofort zu, Antoine möglicherweise vorschnell verurteilt zu haben: »Peut-être elle juge un peu vite. […] On a bien le droit de se tromper, après tout, même volontairement« (88,5–9). Damit wertet sie Antoine wieder auf. Er gewinnt weiterhin an Bedeutung für Claire. Als sie ihren Vater sieht, wie er in Portbail einen Brief in Richtung Paris schickt, führt sie ihr Gespräch mit Antoine fort, gibt sich ihrem Vater nicht zu erkennen, sondern setzt sogar noch ihre Sonnenbrille auf, damit sie unerkannt bleiben kann (96). Claire öffnet sich in ihrem inneren Monolog Antoine sowohl körperlich als auch emotional: Sie antizipiert ein intimes Verhältnis mit ihm und vertraut ihm auch ihr neu entdecktes Geheimnis an, dass nicht Loïc, sondern ihr Vater der Schreiber der Briefe ist. In diesem imaginären Bekenntnis zieht Claire die Möglichkeit in Betracht, sich vollständig von ihrem Bruder emanzipieren

Distanz zum Vater

jdn. enttäuschen: **décevoir qn**

Gegengewicht zur Familie

zu können. Damit hat Antoine – zumindest in Claires Gedanken – ein Gegengewicht zu ihrer Familie eingenommen: Claire kann ihm ihr Geheimnis anvertrauen, kann über sich und ihre neue Situation reflektieren, was sie weder mit ihrer Mutter (105) noch mit ihrem Vater (112) tun kann.
Die Beziehung mit Antoine lässt Claire einen weiteren Teil ihrer Identität finden. Bisher hatte sie immer das Gefühl, durch Loïcs Verschwinden der Hälfte ihres Ausdrucksvermögens beraubt worden zu sein, nur noch die Hälfte von dem ausdrücken zu können, was sie ausdrücken will. Claire war dadurch auf einen Teil ihrer selbst reduziert, sie war keine vollständige Persönlichkeit. Bisweilen hatte sie auch das Gefühl, vollkommen sprach- und ausdruckslos zu sein (101). Antoine gibt ihr das Gefühl, dass er sie trotzdem versteht, weil auch er von ihr verstanden wird. Antoine und Claire scheinen – zumindest in dieser Phase ihres Zusammenseins – eine symbiotische Beziehung zu haben, die Claire wieder zu einer vollkommenen, nicht mehr nur bruchstückhaften Identität verhilft. Noch ist sich Claire Antoines nicht sicher: »Qu'est-ce qu'elle est, elle, pour Antoine?« (119,21), jedoch scheint sich ihre Beziehung zu festigen. Sowohl Claire als auch Antoine profitieren davon. Die Symbiose zwischen beiden wird jedoch jäh zerstört, als Claire selbst Nadia ins Spiel bringt. Claires alte Unsicherheit Akademikern gegenüber bricht wieder durch. Durch dieses Verhalten treibt sie Nadia in Antoines Arme. Sie selbst zieht die Konsequenzen

Gegengewicht: **le contrepoids**
bruchstückhaft: **fragmentaire**

und verlässt Antoine, ohne größere Blessuren davonzutragen, was ihr durch ihr gewachsenes Selbstbewusstsein möglich ist. Sie spürt und weiß, dass ihr die beiden nicht gut tun. Antoine weint sie keine Sekunde lang nach.

Den letzten Teil ihrer Persönlichkeitsentwicklung vollzieht Claire mit Juliens Hilfe. War es in ihrer vorigen Beziehung noch Antoine, der den ersten Schritt unternommen hatte, ist es jetzt Claire, die die Initiative ergreift. Sowohl bei ihrer zufälligen Begegnung im Café (»Quand le regard de Julien croise le sien, elle lui fait un petit sourire. [...] Très léger dans le matin nauséeux. Mais quand même, c'est déjà ça de pris. Ce signe de reconnaissance«; 145,11–14) als auch bei dem Fest, das Lionel und seine Freundin Aude organisieren, um Claire und Julien zu verkuppeln, macht Claire den Anfang: »Quand ils sont entrés, Lionel a lancé un clin d'œil à Julien. Claire, très timide et très belle, les suivait. Lionel a fait les présentations, Claire a dit ›mais on se connaît‹ et puis elle s'est assise à côté de Julien« (154,1–4).

Initiative

Julien als Spiegel Claires

Julien besetzt hierbei die Rolle, die Claire zu Beginn des Romans innehatte: Er ist derjenige, der sich in der Welt nicht zurechtfindet, daran leidet, an den Tod denkt, sterben will (149). Durch seine psychische Verfassung findet er keinen Platz in der Festgesellschaft, die ein Abbild der ›großen‹ Gesellschaft ist, in der Julien bisher auch nicht richtig Fuß fassen konnte. Julien zieht sich freiwillig zurück. Auf dem Fest wird Claire mit einer ähnlichen Situation konfrontiert wie zu Beginn des Romans: Wieder kommt ein junger Intellek-

Verfassung: **l'état** (m.)
Abbild: **le reflet**

tueller auf sie zu, der sie wegen ihres nicht-akademischen Berufs verachtet und sie nur als Lustobjekt sieht. Doch dieses Mal verhält sich Claire nicht passiv und lässt den anderen gewähren, sondern erkennt sofort das Ansinnen des junges Mannes und entzieht sich ihm: »Claire sait qu'il va l'aborder et qu'elle n'aura pas envie de le repousser gentiment. Ce genre de types, elle commence enfin à les connaître, à les repérer« (156,23–26). Claire tritt diesem Mann selbstbewusst entgegen und zeigt ihm Grenzen auf. Sie geht sogar noch einen Schritt weiter, indem sie Julien, der sich für sie geprügelt hat, rettet. Damit hat sie auch den letzten Schritt ihrer Persönlichkeitsentwicklung vollzogen. Sie ist von der Rolle der Passiven in die Rolle der Aktiven gewechselt, sie weiß mittlerweile, wer bzw. was ihr gut und nicht gut tut, und kann entsprechend handeln. Dadurch hat sie genau die Entwicklungsschritte durchlaufen, die gemäß der Definition des Entwicklungsromans nötig sind, um eine Persönlichkeitsentwicklung erfolgreich abzuschließen. Der Entwicklungsroman ist gekennzeichnet durch eine »transformation psychologique […] par [laquelle] le jeune héros accède à sa vraie nature. Grâce à diverses expériences, à divers conseils d'éducateurs occasionnels il parvient à se défaire d'une certaine naïveté congénitale pour accéder à son autonomie intellectuelle et sociale«[12]. Susan Suleiman betrachtet zwei Veränderungen im Protagonisten als konstitutiv für den Bildungs- bzw. Entwicklungsroman: »d'une part la transformation ignorance de soi → connaissance de soi, d'autre

Abschluss der Persönlichkeitsentwicklung

Definition des Entwicklungsromans

sich jdm. entziehen: **se dérober à qn**

part la transformation passivité → action«[13]. Damit ist belegt, dass *Je vais bien, ne t'en fais pas* durchaus als Entwicklungsroman gelesen werden kann.

Anwendung des Aktantenmodells

Noch offen ist die Frage, wie die Parameter des eingangs dargestellten und für die Interpretation des Romans herangezogenen Aktantenmodells auf die Figuren übertragen werden können. Auf den ersten Blick erscheinen folgende <u>Zuweisungen</u> plausibel:

- Subjekt: Claire
- Objekt: Claires Identität, die sie sucht
- Helfer: Paul und Irène, die Großmutter, Antoine, Julien
- Gegner: Loïc, Nadia
- Sender und Empfänger: Claire

Alternative Zuordnungen

In dieser Deutung hat Claire viele Helfer, die sie bei der Suche nach ihrer Persönlichkeit unterstützen. Bei solcher Zuordnung der Funktionen wäre der Aussage Claires, ihr Vater habe sie durch das Verfassen der Briefe gerettet (»en faisant cela mon père m'a sauvée«; 97,20) zuzustimmen. Denkbar sind aber auch, je nach Deutung des Lesers, folgende abweichende Zuordnungen:

- Gegner: Paul und Irene, die Großmutter, Claire selbst
- Helfer: Loïc

Bei dieser Verteilung der Funktionen kommt den Eltern nicht mehr die Rolle der Helfer zu, in der sie sich selbst se-

<u>Zuweisung</u>: **l'attribution** (f.)

hen, sondern die der Gegner, die Claire davon abhalten, sich von Loïc zu lösen und somit ihre eigene Identität zu finden. Loïc kann auch als Helfer gesehen werden, der durch sein Verschwinden erst eine Persönlichkeitsentwicklung seiner Schwester ermöglicht. Wäre er präsent geblieben, hätte sich Claire womöglich nie von ihm emanzipiert und sich immer als Teil von ihm gefühlt. Claire kann auch die Rolle ihrer eigenen Gegnerin insofern zugeschrieben werden, als sie sich durch ihre charakterliche Disposition selbst im Wege steht, eigenständig zu werden, und erst durch das Verschwinden Loïcs gezwungen wird, ihre Passivität aufzugeben und selbst Initiative zu ergreifen und Verantwortung zu übernehmen.

Welche Funktionen welcher Figur zuzuschreiben sind, hat letztlich der Leser für sich selbst zu entscheiden.

Deutung als Gesellschaftskritik

Kritik an der jungen Generation

Je vais bien, ne t'en fais pas kann über weite Strecken als Kritik Adams an der gegenwärtigen französischen Gesellschaft gelesen werden. Er richtet sein Augenmerk kritisch vor allem auf junge Akademikerkreise und deckt deren Arroganz und Doppelbödigkeit auf. Nach außen geben sich die jungen Leute liberal, reden von Chancengleichheit (18) und Demokratisierung der Gesellschaft, in Wirklichkeit aber halten sie an einer Gesell-

jdm. im Weg stehen: **faire obstacle à qn**
Gesellschaftskritik: **la critique sociale**
Doppelbödigkeit: **l'ambiguïté** (f.)

schaftsordnung fest, die die Durchlässigkeit zwischen unterschiedlichen sozialen Gruppen zu verhindern sucht. Wenn Vertreter aus Randgruppen den sozialen Aufstieg nicht schaffen, ist es nach Ansicht dieser jungen Leute allein deren Schuld. Als Beispiel werden Immigranten angeführt: »C'est quand même pas notre faute si les bougnouls en banlieue sont trop cons à faire les marioles pendant les cours. Après ils ont l'air de quoi« (18,11–14). Wenn jedoch einem dieser Immigranten – in diesem Fall Nadia – der Sprung in diese Kreise gelingt, wird das nicht goutiert. So beschimpft Benoît sie, obwohl sie durch ihre Ausbildung ebenbürtig ist, als »putain de beurette« (26,9 f.). Diese jungen Franzosen wollen, wie das Beispiel deutlich zeigt, keine kulturelle Durchmischung der Gesellschaft.

Auch in Bezug auf Bildung und sozialen Status wollen sie keine Durchlässigkeit. Das Paradebeispiel hierfür ist Claire. Sie wird, sobald sie ihren Beruf genannt hat, in die Schublade gesteckt, die die Intellektuellen dafür vorgesehen haben: »La caissière du supermarché, eh bien, le soir elle rentre chez elle, va au chinois ou à une pizzeria le long de la Nationale, elle regarde *Les Feux de l'amour* ou le grand téléfilm du soir sur M6. Ah, ah, ah, qu'est-ce qu'on se marre ...« (19,15–20,1). Danach ist kein weiterer Kontakt mehr möglich, Claire wird links liegen gelassen, nicht mehr als gleichwertig betrachtet, bestenfalls als ›Dienstleisterin‹.

Im Lauf des Romans ändert sich der Blick, den Claire auf Loïc wirft. Am Ende sieht sie ihn als Vertreter der Intellek-

Durchlässigkeit: **la perméabilité**
sozialer Aufstieg: **l'ascension** (f.) **sociale**

tuellen: »Ils ressemblent à Loïc, tous ces gens« (156,13f.). Mit ihrer Loslösung von ihm löst sie sich auch von dieser Gruppe, die durch die von Julien bewirkte Katharsis keinerlei Einfluss mehr auf sie hat.

Deutung als biographischer Roman?

Je vais bien, ne t'en fais pas als Biographie Adams lesen zu wollen, geht zweifellos zu weit – schon deshalb, weil die Protagonistin, im Gegensatz zum Autor, eine Frau ist. Dennoch sind gewisse autobiographische Bezüge, vor allem in der Gestalt Juliens, nicht von der Hand zu weisen.

Autobiographische Bezüge

Wie Adam selbst ist Julien Schriftsteller und leidet an der Gesellschaft, in der er sich befindet; deshalb flieht er. Im Roman geht er allerdings nur auf den Hof, träumt aber davon, eines Tages, wenn er den *Prix Goncourt* für seinen noch zu schreibenden Roman gewonnen haben wird, ins Cotentin, den nördlichen Teil der Normandie, zu ziehen. Adam selbst hat die bretonische Kleinstadt Saint-Malo als Wohnort vor Paris den Vorzug gegeben, den *Prix Goncourt de la Nouvelle* hat er bereits 2004 für seinen Erzählband *Passer l'hiver* bekommen. Weitere Parallelen zwischen Olivier Adam und Julien lassen sich auch bei der Arbeit finden: Julien hat ein Projekt mit Schülern in der Picardie zu leiten (141) und soll sich um eine »manifestation autour de la correspondance, en Provence« (141,9f.) kümmern, durch die mehr als deutlich Adams Einsatz beim Literaturfestival *Correspondances de Manosque* durchschimmert. Noch augenfälliger sind hingegen die Parallelen in den Haltungen, die hinter dem Autor und der von ihm geschaffenen Figur stehen: Beide setzen sich bewusst von gängigen Positionen und Verhaltensweisen ab und wenden sich denen zu, die ihre Hilfe brauchen können.

6. Autor und Zeit

Olivier Adam wird am 12. Juli 1974 in Draveil, einem Pariser Vorort, als Sohn eines Bankangestellten geboren. Mit zwei Brüdern wächst er, zur unteren Mittelschicht gehörend, in der Pariser *Banlieue* auf, in der er sich sehr wohl fühlt: »Moi, j'ai grandi en banlieue où je me suis senti toujours très bien.«[14] Als Kind war er schüchtern, verträumt und voller Komplexe. Während die Nachbarskinder draußen Fußball spielten, blieb er lieber zu Hause und hörte Musik. Mit Literatur kam er indirekt durch seinen Vater in Kontakt, der vor allem Romane von Bernard Clavel und Robert Merle las. Olivier selbst hatte zunächst ein besonderes Faible für Lyrik – besonders die Gedichte von Paul Eluard und Philippe Jaccottet hatten es ihm angetan.

Kindheit in der Pariser Banlieue

Seine ersten Schreibversuche unternahm Adam mit Gedichten, »des poèmes illisibles«[15], wie er später selbstkritisch bemerkt. Olivier Adam hatte schon immer eine bestimmte Vorahnung, dass Literatur eine wichtige Rolle in seinem Leben spielen würde. In einem mit Alexandre Fillon 2007 für *Lire* geführten Gespräch vergleicht Adam die Literatur mit einem Haus, in dem er sich sehr wohl fühlen würde, zu dessen Eingang ihm der Weg aber bis dato versperrt geblieben sei: »La littérature allait être une maison où il serait chez lui, mais n'en trouvait pas la porte.«[16] Durch Zufall wurde ihm diese Tür dann doch

Rolle der Literatur

verträumt: **rêveur(-euse)**
Vorahnung: **le pressentiment**

aufgestoßen: Sein älterer Bruder hatte für sich selbst *Remise de peine* von Patrick Modiano gekauft, konnte darin aber nichts anderes sehen als »un annuaire des rues de Paris«[17] und reichte es an seinen kleinen Bruder weiter, für den die Lektüre eine »révélation«[18] darstellte.

Adams Kindheit und Jugend verläuft unauffällig und scheint frei zu sein von nennenswerten Vorkommnissen. Aus Angst vor häuslichem Ärger (»par peur des emmerdes«[19]) entwickelt er sich zu einem guten Schüler und schreibt sich nach dem Abitur in Paris (Dauphine) für ein Studium der Wirtschaftswissenschaften ein. Dort lernt er Karine Reysset, seine jetztige Lebensgefährtin und Mutter seiner beiden Kinder kennen. Das Studium bricht er ab, dafür immatrikuliert er sich für den Studiengang Kulturmanagement, den er 1997 erfolgreich abschließt.

Kulturmanagement statt Wirtschaftswissenschaften

Seither arbeitet er als Kulturschaffender in verschiedenen Bereichen. Unter anderem wirkte er als künstlerischer Berater des Literaturfestivals *Correspondances de Manosque*[20], das er mitbegründet hat; er ist *directeur de collection* bei den Editions de Rouerge für die *Collection romans pour adolescents* (Doados). Daneben arbeitet er regelmäßig mit Jugendlichen in ganz Frankreich, für die er Schreibwerkstätten, sogenannte *ateliers d'écriture*[21] organisiert. Ein ganzes Jahr hat er als *writer in residence* in der Seine-Saint-Denis verbracht. Daneben war er 2006 Stipendiat der Villa Kujoyama, eines Programms für junge Künstler, das vom französischen Außenministerium und Culturesfrance[22] finanziert wird.

Verschiedene Tätigkeiten

Außenministerium: **le ministère des Affaires étrangères**

Adams Übersiedlung nach Paris war schwierig für ihn, er lebt nur sehr widerwillig in der Hauptstadt. Adam geht lange Zeit nicht in bestimmte Szene-Cafés, aus Angst, dort als Vorstädter erkannt zu werden: »J'ai surtout éprouvé le complexe du banlieusard qui monte à Paris. C'était compliqué pour moi de rentrer dans certains cafés qui me semblaient trop branchés, je me disais qu'on allait me repérer, me jeter des pierres.«[23] Während der ganzen Zeit, die er dort verbringt, ist er gezwungen, Antidepressiva einzunehmen. Nachhaltig negativ in Erinnerung geblieben ist Adam der Gegensatz zwischen dem Leben, das einerseits in den »appartements bourgeois« stattfindet, und dem, das sich in den »chambres de bonne où il y avait toute une galerie de gens globalement dans la merde«[24] abspielt. Dieses Aufeinandertreffen zweier extremer Lebensformen, die ganz nahe beieinander anzutreffen sind, hat Adam literarisch in *Falaises* (2005 erschienen) verarbeitet.

Schwieriges Verhältnis zu Paris

Nach diesen Erfahrungen verwundert es nicht, dass Olivier Adam Paris wieder verlässt: 2005 übersiedelt er mit seiner Familie nach Saint-Malo. Das naturnahe Leben in der kleinen bretonischen Provinzstadt genießt er in vollen Zügen: »Quand on s'est installés à Saint-Malo, et encore aujourd'hui, je me suis rendu compte à quel point on n'a pas toujours le luxe de pouvoir vivre selon sa nature et à quel point j'avais vécu à contre-courant pendant longtemps et que finalement Saint-Malo et la vie d'une petite ville de province, très proche de la nature, me convenaient mieux«[25]. Das Landleben hat in mehrererlei Hinsicht einen positiven

Vorzüge des Landlebens

Antidepressivum: **l'antidépresseur** (m.)
Aufeinandertreffen: **la confrontation**

Einfluss auf Adam: In Saint-Malo braucht er keine Medikamente mehr zu nehmen und sein Arbeitsrhythmus festigt sich.

Das Leben in der Provinz kommt auch Adams Bedürfnis nach Abgeschiedenheit und Privatsphäre entgegen. Öffentliche Auftritte in den Medien sind ihm ein Gräuel, vor allem das Fernsehen ist ihm verhasst: »La télévision c'est une torture totale. […] D'ailleurs ça me rend malade physiquement, une semaine avant je stresse déjà. Et j'ai toujours eu le sentiment d'avoir en face de moi des gens dont je ne savais pas s'ils étaient vraiment là.«[26] Auch Begegnungen mit Lesern sind Adam unangenehm, Autogramme gibt er grundsätzlich nicht.

Selbstverständnis als Autor

Diese Zurückhaltung im Umgang mit den Medien und der Öffentlichkeit kann durch das Selbstverständnis, das er von sich selbst als Autor hat, erklärt werden. Dieses hat sich im Laufe der Zeit entwickelt: Am Anfang seiner Karriere, die mit *Je vais bien, ne t'en fais pas* ihren Ausgang genommen hat, fand er es, wie viele andere junge Schriftsteller auch »cool d'être un jeune écrivain«[27]. Doch seither hat er einen Bewusstseinswandel und einen Reifeprozess durchlaufen. Schreiben hat für Adam nichts mehr mit Coolness zu tun, sondern mit innerer Überzeugung, die sich nicht darin erschöpfen darf, cool genug zu sein, um ins Fernsehen zu kommen.[28] Olivier Adam hat nicht das Bedürfnis, sein Ego als Autor, über den alle sprechen, von wem auch immer

Abgeschiedenheit: **l'isolement** (m.)
Autogramm: **l'autographe** (m.)
Zurückhaltung: **la réserve**
Selbstverständnis: **l'image qu'il se fait de lui-même**

streicheln zu lassen: »Il y a une chose, c'est que je n'ai aucun goût lié à l'égo, au statut social conféré par le fait d'être un écrivain dont on cause.«[29] Anstatt sich selbstverliebt in den Medien zur Schau zu stellen, wie andere junge Autoren das in nachteiliger Weise getan haben (»un certain nombre d'écrivains très médiatiques n'ont pas joué un rôle très positif«[30]), stellt er seine Literatur lieber in Lesungen vor: »Je peux bien aimer faire des lectures [...] parce que c'est un vrai prolongement, un bon moyen de faire entendre le texte aux gens et cela me semble la chose la plus naturelle à faire, car là, on fait vraiment quelque chose.«[31] Aus diesen Zitaten zeichnet sich deutlich das Bild ab, das Adam von sich als Schriftsteller hat: Nicht er will im Zentrum stehen, vielmehr will er Menschen ins Zentrum seines Schaffens und somit in den Fokus der Gesellschaft stellen.

Soziale Verpflichtung des Schriftstellers

Eine soziale Verpflichtung geht für Adam mit dem Schreiben einher. Diese Überzeugung äußert er in einem Interview, das er anlässlich der Verleihung des *Grand Prix RTL-Lire* (für *Des vents contraires*) gegeben hat. Die Aufgabe eines Schriftstellers, so Adam, bestehe darin, über »des gens ordinaires«[32] zu schreiben, die die wahren Helden des Alltags seien. Es könne nicht darum gehen, nur Figuren ins Zentrum der Literatur zu stellen, die Geschichte machen, sondern in gleicher Weise seien jene zu berücksichtigen »qui subissent l'histoire«.

Neues Figureninventar

Deshalb plädiert Adam dafür »d'étendre le champs de la littérature« und darin »les gens d'à côté«[33] aufzunehmen. Mit diesem Postulat

soziale Verpflichtung: **l'engagement social**

grenzt er sich bewusst von der Themenwahl anderer Autoren ab: »Je n'ai jamais eu d'attrait pour cette littérature très habituelle en France qui considère un mec qui bosse dans la pub, un journaliste ou un écrivain. Pour moi, tout ça c'est de la fiction. La réalité se joue dans les lotissements pavillonnaires, dans les cités HLM, chez des gens qui ne sont pas dans les castes dominantes et médiatiques.«[34]

In der Konsequenz lassen sich z. B. folgende Figuren als Protagonisten in seinen Romanen finden: In *Des vents contraires* macht Adam einen alleinerziehenden Vater mit zwei Kindern zum Zentrum der Handlung, der seit dem mysteriösen Verschwinden seiner Frau darum kämpft, für seine Kinder und sich eine Lebensgrundlage zu schaffen. In *A l'abri de rien* ist die Protagonistin die arbeitslose Marie, die sich unter Aufgabe ihrer Familie und unter Aufgabe ihrer selbst für illegale Einwanderer einsetzt. Auch Claire, die Hauptfigur in *Je vais bien, ne t'en fais pas*, stammt aus einem vergleichbaren sozialen Umfeld. Diese wenigen Beispiele mögen bereits genügen, um eine Vorliebe Adams für bestimmte Themenbereiche herauszukristallisieren: Verschwinden, Abwesenheit, Trauer, Leere, Flucht. Dadurch, dass er diese Themen immer wieder mit einem sich ähnelnden Figureninventar bearbeitet – er nennt das »l'écriture du ressassement«[35] –, schafft er sich eine Art großer literarischer Familie, in der die Figuren austauschbar scheinen. Damit schafft er Archetypen, deren Schicksal trotz aller Individualität kein Einzelschicksal ist, sondern ein kollektives, das für eine bestimmte soziale Schicht typisch zu sein

Lieblingsthemen Adams

sich von jdm. abgrenzen: **se différencier de qn**
austauschbar: **interchangeable**

Olivier Adam
by Richard Dumas © 2007

scheint. Er zeichnet damit »une espèce de portrait de gens assez oubliés de la littérature française en général, ou alors qui les traite avec condescendance ou dans un dolorisme social.«[36] Dabei empfindet er das unschätzbare Glück, dieses Milieu gut zu kennen, weil er darin selbst aufgewachsen ist. Deshalb sieht sich Adam zu keiner Zeit in der Position eines Richters oder eines Zensors, sondern er begegnet den Figuren »à ras d'homme, à hauteur d'homme«[37].

Auf Augenhöhe mit seinen Figuren

Eine Personengruppe, die Olivier Adam besonders am Herzen liegt und der er sich in besonderer Weise verpflichtet fühlt, sind die jungen Leute. Deshalb widmet er ihnen Literatur, die auf ihre speziellen Bedürfnisse als Heranwachsende abgestimmt ist. Der wichtigste Unterschied zur Erwachsenenliteratur ist das hohe Identifikationspotential, das die Jugendliteratur ihren Lesern bietet. Worin sich diese Literatur jedoch nicht von der Literatur für Erwachsene unterscheiden darf, ist ihre literarische Qualität. Wie bei der Erwachsenenliteratur nähert sich Adam seinem Zielpublikum auch hier auf Augenhöhe, er versucht, sich in die Jugendlichen hineinzudenken, ihre Perspektive einzunehmen; dabei orientiert er sich an seiner eigenen Jugend. Indem er Jugendliteratur schreibt, erlebt er seine eigene Jugend wieder, das Schreiben ist in diesem Fall »un rattrapage quant à mon adolescence«[38].

Anforderungen an Jugendliteratur

jdm. etw. widmen: **dédier qc à qn**
Identifikationspotential: **la possibilité de s'identifier**

7. Rezeption

Olivier Adam teilt das Schicksal wohl fast aller Schriftsteller: entweder man mag ihre Literatur oder man mag sie eben nicht. So haben sich auch in Frankreich zwei Lager gebildet: glühende Bewunderer Adams und die anderen, die sich für ihn nicht besonders erwärmen können. Eine dritte Gruppe, die der ›Lauwarmen‹, scheint es nicht zu geben: »Il y a rarement de demi-mesure pour parler des romans d'Olivier Adam. Soit on adore, soit on déteste.«[39] Die Aufnahme seines Erstlings *Je vais bien, ne t'en fais pas* hingegen fällt eindeutig positiv aus. Der Roman findet Anklang wegen seiner Nüchternheit, seiner Geradlinigkeit, seines fehlenden Pathos sowohl in inhaltlicher als auch in sprachlicher Hinsicht. Es gelingt Adam, Nähe zur Protagonistin Claire herzustellen, »diese junge Frau dem Leser ans Herz zu legen«, ohne dabei »ein Stück lästiger Befindlichkeitsliteratur [abzuliefern]«[40]. Was aber nicht bedeutet, dass Adam auf die Befindlichkeit der von ihm geschaffenen Charaktere keinen Wert legt. Vielmehr »weist er eine hohe Bereitschaft auf, sich in die (Gefühls-)Welt seiner Protagonisten einzudenken, doch setzt er lediglich Signale für deren Befindlichkeit«[41]. Diese Signale werden vor allem durch Adams Stil gesetzt. Er begnügt sich damit, die Außenperspektive seiner Figuren zu präsentieren, nur »Sichtbares

Bewunderung und Ablehnung

Nähe zur Romanfigur

lauwarm: **tiède**
Nüchternheit: **la sobriété**
Nähe: **la proximité**

zu protokollieren«[42] und dabei auf psychologische Erklärungen zu verzichten. Sein Stil ist knapp, schmucklos, minimalistisch – Adam selbst scheint dies als Manko zu empfinden. In der Rückschau auf seinen Erstling erklärt er diese Tatsache dadurch, dass *Je vais bien, ne t'en fais pas* von einem Verlag publiziert wurde, der seine Hauptaufgabe darin sieht, junge Nachwuchstalente zu entdecken, weniger darin, ihre Arbeiten herausgeberisch zu betreuen und weiterzuentwickeln. Würde Adam den Roman nochmals schreiben, würde er ihn stärker überarbeiten: »*Je vais bien, ne t'en fais pas* aurait eu besoin d'être plus retravaillé, plus poussé […]. Simplement, il n'est pas assez écrit.«[43] Aber einem Autor, der bei der Abfassung gerade 23 Jahre alt war, sieht man so etwas nach, wie 160 000 verkaufte Exemplare zweifelsfrei belegen.

Schnörkelloser Stil

schmucklos: **sobre**

8. Dossier pédagogique

1) D'après vous *Je vais bien, ne t'en fais pas* est un roman qui parle de la lâcheté, du courage, de la solitude, de l'incompréhension, de l'égoïsme, de la perte, de la douleur ou de la trahison? Justifiez votre réponse en donnant des exemples du texte.
2) En vous référant au modèle actantiel expliquez quelles fonctions sont remplies par Claire, Julien, Loïc, Paul et Irène, la grand-mère. Justifiez votre réponse.
3) Etablissez des champs sémantiques pour parler
   a) de la vie au bord de la mer
   b) de la vie dans la capitale
   c) du monde des jeunes
4) Choisissez un passage où il y a un nombre particulièrement élevé de mots issus de la langue parlée et transcrivez-le en langue standard.
5) Ecrivez un quatrième de couverture, illustrez-le dc photos qui, selon vous, pourraient représenter les personnages du roman. Justifiez votre choix.
6) Organisez un talk-show: les principaux invités sont Paul et Irène. Sont-ils des monstres ou des parents qui ont fait renaître leur fille une seconde fois?
7) Relisez les pages 94 et 95 et le début de la page 96 (jusqu'à la ligne 19). Que pourraient être les pensées de Paul et de Claire dans ces moments-là? Ecrivez leurs pensées. Vous pouvez vous inspirer de la forme du monologue intérieur.
8) Claire voit Antoine et Nadia dans la rue. Comment imaginez-vous leur rencontre? Préparez un petit jeu de rôle en classe.

9) Après avoir commencé une nouvelle vie avec Julien, Claire décide de demander à ses parents ce qui est vraiment arrivé à Loïc. Qu'est-ce qu'ils pourraient lui raconter? Préparez un jeu de rôle.
10) Claire rend de nouveau visite à sa grand-mère et lui demande des explications sur son comportement d'alors. Imaginez un dialogue entre les deux.

9. Lektüretipps/Medienempfehlungen

Textausgaben

Adam, Olivier: Je vais bien, ne t'en fais pas. Hrsg. von Helga Zoch und Peter Müller. Stuttgart: Reclam, 2007 [u. ö.]. (Universal-Bibliothek. 19723.) – *Nach dieser Ausgabe wird zitiert.*
– Passer l'hiver. Paris: Editions de l'Olivier, 2004.
– Falaises. Paris: Editions de l'Olivier, 2005.
– A l'abri de rien. Paris: Editions de l'Olivier, 2007.
– Des vents contraires. Paris: Editions de l'Olivier, 2009.
– Keine Sorge, mir geht's gut. Aus dem Französischen von Carina von Enzenberg. München: Piper, 2008.

Audiovisuelle Medien

Keine Sorge, mir geht's gut. Ein Film von Philippe Lioret (Frankreich 2006). 96 Minuten.
http://ma-tvideo.france2.fr/video/iLyROoafJcu2.html

Weiterführende Internetadressen
(Stand: April 2010)

http://www.culture-cafe.fr/site/?p=222

http://recherche.lefigaro.fr/recherche/recherche.php?ecrivez=Olivier+Adam&go=RECHERCHER&charset=iso

http://www.lexpress.fr/outils/imprimer.asp?id=746749&k=25

http://www.literaturkritik.de/public/rezension.php?rez_id=12841

http://www.zone-litteraire.com/zone/index.php?option=com_content&view=article&id=12700%3Amaintenant-je-suis-le-gars-qua-failli-avoir-le-goncourt-&Itemid=86

Anmerkungen

1 Vgl. Alexandre Fillon, *Ecrivains Portrait: Olivier Adam*, in: *Lire*, September 2007 (*http://www.lexpress.fr/culture/livre/olivier-adam_812697.html*), S. 2.
2 Ebd.
3 Nicolas Fargue, *Olivier Adam, un activisme de conscience*, in: *Livres-Portraits*, 1. Januar 2000 (*http://www.chronicart.com/webmag/article.php?id=569*), S. 2.
4 *http://www.chronicart.com/print_livres.php?id=3703*
5 Vgl. die *Schattenblick*-Rezension/106, *Olivier Adam: Je vais bien, ne t'en fais pas – Kleine Fluchten oder Wie man lernt, sich ins Unvermeidliche zu fügen* (*http://www.schattenblick.net/infopool/buch/romane/buror106.html*).
6 Ebd.
7 Gérard Genette, zit. nach: Yves Stallioni, *Dictionnaire du roman*. Paris 2006, S. 14.
8 Vgl. Thomas Klinkert, *Einführung in die französische Literaturwissenschaft*, Berlin 2000, S. 146.
9 Ebd., S. 145.
10 Ebd.
11 Zit. nach: Thierry Richard, *Olivier Adam: Ne jamais être plus intelligent que ses personnages*, in: *Le magazine des livres*, März 2009 (*http://www.magazinedeslivres.com/page8/page22/page22.html*), S. 3.
12 Stallioni (Anm. 7), S. 19.
13 Ebd.
14 Richard (Anm. 11), S. 2.
15 Fillon (Anm. 1), S. 2.
16 Ebd., S. 1.
17 Ebd.
18 Ebd.
19 Ebd., S. 2.
20 Vgl. dazu: Peter Müller, *Nachwort* zu: Olivier Adam, *Je vais bien, ne t'en fais pas*, Stuttgart 2007, S. 175.
21 Vgl. dazu: *Les rencontres de la Médiathèque François Mitterand et des bibliothèques du réseau*, März 2006, S. 11.
22 Vgl. dazu: *http://fr.wikipedia.org/wiki/Villa_Kujoyama*

23 Zit. nach: Richard (Anm. 11), S. 2.
24 Ebd.
25 Ebd.
26 Ebd., S. 12.
27 Zit. nach: Thierry Richard, *Olivier Adam: La littérature française produit trop*, in: *L'Express*, 10. Januar 2009 (*http://www.lexpress.fr/culture/livre/olivier-adam-la-litterature-francaise-produit-trop_730503.html*).
28 Ebd.
29 Zit. nach: Richard (Anm. 11), S. 13.
30 Zit. nach: Richard (Anm. 27), S. 1.
31 Zit. nach: Richard (Anm. 11), S. 13.
32 Zit. nach: *Olivier Adam vu par ses confrères* (*http://www.turbo.fr/video-du-web/olivier-adam-vu-par-ses-confreres/iLyROoafJcu2.html*).
33 Ebd.
34 Emilie Vitel, *Le ciel, le soleil et la mer: Interview d'Olivier Adam*, auf: *www.evene.fr*, August 2007 (*http://www.evene.fr/livres/actualite/olivier-adam-abri-de-rien-928.php*).
35 *Les rencontres* (Anm. 21), S. 9.
36 Ebd.
37 Ebd., S. 10.
38 Ebd., S. 8.
39 Anne Laure Bovéron, *Olivier Adam, écrivain parmi les écrivains*, 23. Februar 2009 (*www.buzz-litteraire.com/index.php?2009/02/23/1319-des-vents-contraires-d-olivier-adam*).
40 *Schattenblick*-Rezension (Anm. 5).
41 Ebd.
42 Marion Lühe, *Lili langweilt sich*, 28. April 2007 (*http://www.taz.de/1/archiv/archiv/?dig=2007/04/28/a0135*).
43 Zit. nach: Richard (Anm. 11), S. 7.

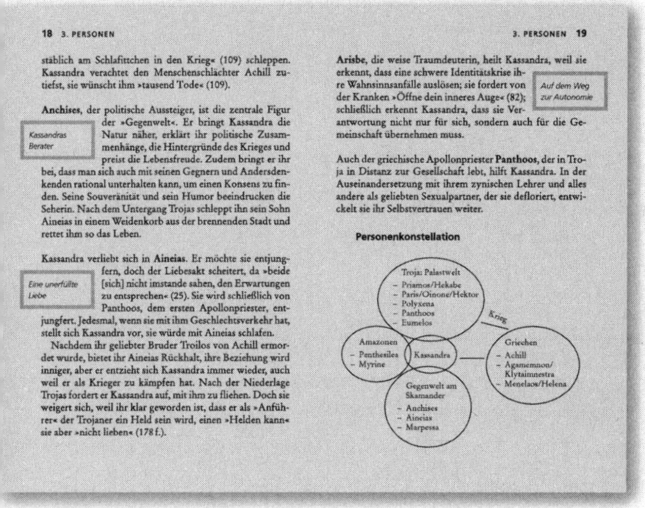
18 3. PERSONEN

stäblich am Schlafittchen in den Krieg« (109) schleppen. Kassandra verachtet den Menschenschlächter Achill zutiefst, sie wünscht ihm »tausend Tode« (109).

Kassandras Berater

Anchises, der politische Aussteiger, ist die zentrale Figur der »Gegenwelt«. Er bringt Kassandra die Natur näher, erklärt ihr politische Zusammenhänge, die Hintergründe des Krieges und preist die Lebensfreude. Zudem bringt er ihr bei, dass man sich auch mit seinen Gegnern und Andersdenkenden rational unterhalten kann, um einen Konsens zu finden. Seine Souveränität und sein Humor beeindrucken die Seherin. Nach dem Untergang Trojas schleppt ihn sein Sohn Aineias in einem Weidenkorb aus der brennenden Stadt und rettet ihm so das Leben.

Eine unerfüllte Liebe

Kassandra verliebt sich in **Aineias**. Er möchte sie entjungfern, doch der Liebesakt scheitert, da »beide [sich] nicht imstande sahen, den Erwartungen zu entsprechen« (25). Sie wird schließlich von Panthoos, dem ersten Apollonpriester, entjungfert. Jedesmal, wenn sie mit ihm Geschlechtsverkehr hat, stellt sich Kassandra vor, sie würde mit Aineias schlafen.

Nachdem ihr geliebter Bruder Troilos von Achill ermordet wurde, bietet ihr Aineias Rückhalt, ihre Beziehung wird inniger, aber er entzieht sich Kassandra immer wieder, auch weil er als Krieger zu kämpfen hat. Nach der Niederlage Trojas fordert er Kassandra auf, mit ihm zu fliehen. Doch sie weigert sich, weil ihr klar geworden ist, dass er als »Anführer« der Trojaner ein Held sein wird, einen »Helden kann« sie aber »nicht lieben« (178 f.).

3. PERSONEN 19

Auf dem Weg zur Autonomie

Arisbe, die weise Traumdeuterin, heilt Kassandra, weil sie erkennt, dass eine schwere Identitätskrise ihre Wahnsinnsanfälle auslösen; sie fordert von der Kranken »Öffne dein inneres Auge« (82); schließlich erkennt Kassandra, dass sie Verantwortung nicht nur für sich, sondern auch für die Gemeinschaft übernehmen muss.

Auch der griechische Apollonpriester **Panthoos**, der in Troja in Distanz zur Gesellschaft lebt, hilft Kassandra. In der Auseinandersetzung mit ihrem zynischen Lehrer und alles andere als geliebten Sexualpartner, der sie defloriert, entwickelt sie ihr Selbstvertrauen weiter.

Personenkonstellation

Alles,
was man für die Schule wissen muss

»» in verständlicher Sprache

»» knapp, in klar gegliederten Texteinheiten

»» kompetent – verfasst von erfahrenen Schulpraktikern

»» in lesefreundlichem Layout

FÜR SCHÜLERINNEN UND SCHÜLER